本书系国家社会科学基金项目"基层社会多元纠纷解决机制构建与社会管理创新研究"(13CSH008)的结项成果

# 纠纷解决与
# 基层法院的程序运作

Dispute Resolution and the Procedural
Operation of Basic-level Courts

朱涛 著

中国社会科学出版社

## 图书在版编目（CIP）数据

纠纷解决与基层法院的程序运作／朱涛著. —北京：中国社会科学出版社，2021.11

ISBN 978-7-5203-8667-8

Ⅰ.①纠…　Ⅱ.①朱…　Ⅲ.①法院—民事纠纷—审判—中国　Ⅳ.①D926.22②D925.118.4

中国版本图书馆 CIP 数据核字（2021）第 124523 号

| | | |
|---|---|---|
| 出 版 人 | 赵剑英 | |
| 责任编辑 | 姜阿平 | |
| 责任校对 | 韩海超 | |
| 责任印制 | 张雪娇 | |
| | | |
| 出　　版 | 中国社会科学出版社 | |
| 社　　址 | 北京鼓楼西大街甲 158 号 | |
| 邮　　编 | 100720 | |
| 网　　址 | http://www.csspw.cn | |
| 发 行 部 | 010-84083685 | |
| 门 市 部 | 010-84029450 | |
| 经　　销 | 新华书店及其他书店 | |
| 印　　刷 | 北京明恒达印务有限公司 | |
| 装　　订 | 廊坊市广阳区广增装订厂 | |
| 版　　次 | 2021 年 11 月第 1 版 | |
| 印　　次 | 2021 年 11 月第 1 次印刷 | |
| 开　　本 | 710×1000　1/16 | |
| 印　　张 | 12.5 | |
| 插　　页 | 2 | |
| 字　　数 | 220 千字 | |
| 定　　价 | 78.00 元 | |

凡购买中国社会科学出版社图书，如有质量问题请与本社营销中心联系调换
电话：010-84083683
**版权所有　侵权必究**

谨以此书怀念恩师　北京大学社会学系　王汉生教授

# 序

在社会学的诸多分支学科中，法律社会学是一个相对小众的研究方向。我自己曾经涉足中国特有的秩序形成模式和社会公正观念研究，之后虽然仍关注社会冲突现象，不过研究的重点转向政治社会学问题。但朱涛一直在法律社会学研究上默默深耕，他在纠纷解决领域有了一些研究积累出版，我受邀为其作序。

2003年，我正开展有关"身份认同"的研究，力图从法律社会学、政治社会学视角切入这一议题。当时朱涛作为硕士新生跟随我研究。我们并未试图用科学化数据方法验证假设——这是法律社会学在美国的一般做法，而是采取定性分析捕捉并解释中国社会的一些关键现象，以避免对制度和文化环境的同质性假设。从哈佛大学访学归来后，我和学生在读书会上、在羽毛球场下讨论中国社会的公正观念等问题，并对一些案例展开深度分析。朱涛继续了这一方法。之后他攻读博士，2009年北大毕业后入职北京工业大学社会学系任教，2016年转入中国社会科学院社会发展战略研究院工作。近20年过去，朱涛已经成为独立研究的青年学者，是踏实的秉性成就了他的成长。

面对中国社会，法律社会学并不容易研究，它涉及的问题既可以很抽象——比如公正、秩序，又可以很具体——比如纠纷如何解决，需要真正了解中国现实，同时又有理论洞察和分析能力。朱涛的努力，试图把两个视角联系起来，通过呈现法院纠纷解决和程序运作的现实，探寻基层社会解决纠纷的实践逻辑，进而讨论正义合理的社会秩序何以可能——这一经典学术议题。他尝试用一系列分析概念——"纠纷格式化"

"建构性的程序正义"等分析现象，有很多发现，比如，法律文化与法律制度对地区诉讼率影响巨大；纠纷解决规范和实践的张力普遍存在；以变通的方式完成程序；对于公正原则，官方和民间时有不同、变化的解读；等等。这些发现，有助于我们了解现实社会的丰富面向。

是为序。

张静<br>
北京大学社会学系<br>
2021 年初夏于双清苑

# 目　录

第一章　纠纷与纠纷解决 …………………………………………（1）
　　第一节　社会转型中的纠纷 …………………………………（1）
　　第二节　纠纷解决与秩序 ……………………………………（5）
　　第三节　纠纷资料和研究方法 ………………………………（14）

第二章　纠纷解决与法治 …………………………………………（21）
　　第一节　基层法院的纠纷解决 ………………………………（23）
　　第二节　社会变迁中的纠纷与诉讼 …………………………（30）

第三章　纠纷转化：基于立案过程的研究 ………………………（37）
　　第一节　纠纷及其转化 ………………………………………（37）
　　第二节　纠纷到案件的转化 …………………………………（43）
　　第三节　纠纷转化的格式化 …………………………………（56）

第四章　纠纷解决的过程：基于简案组的审理 …………………（65）
　　第一节　简案组的运作概况 …………………………………（65）
　　第二节　处理纠纷的"快刀斩乱麻" …………………………（67）
　　第三节　简案组的审理 ………………………………………（74）

第五章　纠纷解决的过程：基于业务庭的审理 …………………（78）
　　第一节　业务庭的运作概况 …………………………………（78）

第二节　业务庭的纠纷解决 …………………………………（79）
　　第三节　业务庭的审理 ……………………………………（90）

**第六章　纠纷解决的庭审程序运作** …………………………（98）
　　第一节　庭审程序的实践 …………………………………（99）
　　第二节　案件事实的厘清 …………………………………（111）

**第七章　纠纷解决的庭审后运作** ……………………………（116）
　　第一节　法官的合议 ………………………………………（116）
　　第二节　讨论和请示 ………………………………………（122）
　　第三节　案卷的制作 ………………………………………（128）

**第八章　纠纷解决与司法程序** ………………………………（133）
　　第一节　背离的三个面向 …………………………………（134）
　　第二节　法官眼中的程序 …………………………………（141）
　　第三节　纠纷解决的程序正义 ……………………………（145）

**第九章　纠纷解决中的公正观念** ……………………………（152）
　　第一节　司法案例及公正观念 ……………………………（152）
　　第二节　纠纷的回溯和对比 ………………………………（157）
　　第三节　民间认同和法律秩序的达成 ……………………（162）

**第十章　纠纷解决与程序运作** ………………………………（165）
　　第一节　建构性的程序正义 ………………………………（165）
　　第二节　本书的意义和不足 ………………………………（173）

**参考文献** …………………………………………………………（177）

**后　记** ……………………………………………………………（193）

# 第一章

# 纠纷与纠纷解决

## 第一节 社会转型中的纠纷

当今世界正经历百年未有之大变局,伴随全球化、市场化、工业化、信息化和城市化的发展,"我国已进入了改革发展的关键时期,经济体制深刻变革,社会结构深刻变动、利益格局深刻调整、思想观念深刻变化。这种剧烈的社会变革,给我国发展进步带来了巨大的活力,也必然带来这样那样的矛盾和问题"(陆学艺,2010)。当前我国的社会矛盾或纠纷,"突出地反映在征地拆迁、企业改制、劳动争议、医患关系、环境保护、食品药品安全等诸多领域,甚至以信访和群体性事件等形式表现出来,给社会治理带来了极大的压力"(朱涛,2011)。也就是说,在社会转型过程中我国正进入矛盾或纠纷凸显期,这对社会治理的理念、方法与体系提出了新的时代要求,积极化解矛盾、稳妥解决纠纷已成为当前社会治理的重要议题。

同时,就纠纷本身而言,自人类社会伊始,人与人之间的冲突或纠纷就一直存在。纠纷是社会学研究的传统重要议题,也是法律与社会研究(或法律社会学)的有力切入点。相较于法学,社会学对纠纷概念的理解较为宽泛,即不仅仅局限于实际发生的争执与冲突,而是将纠纷概念的外延拓展到日常生活中人们在主观层面上的情绪和态度,通过考察各种纠纷解决机制在不同社会情境下的作用、起作用的方式以及相互关系,来切入并探讨纠纷、法律、秩序与社会之间的关系(陆益龙,2009;郭星华,2013:142;肖阳等,2014)。纠纷是普遍存在的,既存在于社会生活的每一个领域（政治、经济、文化等），也存在于社会发展的任何一个阶段，且不同阶段的纠纷在内容和性质上也不同，导致解决纠纷的机制和方法也存在区别（汤维建，2008：3）。

可见，纠纷是社会的一种常态现象，冲突与和谐是社会秩序的经典主题，纠纷内在于秩序之中（耿宝建，2013：42）。纠纷的发生、发展及其解决，关涉规范的征引、博弈、确认，是秩序的生成，也是治理格局的形成。纠纷之于社会，犹如疾病之于人体，妥善地应对纠纷，能增强社会机体的功能，促进社会稳定。因此，研究纠纷以及构建合适的纠纷解决机制，需要从纠纷的概念入手，进而探求原因，解析过程，以寻求最有效合理的解决方式。纠纷与纠纷解决机制的选择有着密切的联系，纠纷的性质和类型影响着纠纷的转化，决定着当事人对纠纷解决方式的选择。同时，不同的纠纷解决方式也影响着纠纷的化解程度、纠纷解决的有效性，甚至可能引发新的纠纷。针对纠纷的不同性质与类型以及纠纷发展的不同阶段，合理有效的纠纷解决方式并没有统一的模式。因此，研究纠纷解决机制，需注意纠纷发生的不同情境，不同地域，不同文化，乃至不同的时代，需将纠纷放在整个社会转型与变迁的视角下予以考察，需考虑纠纷解决机制的应然与实然，重视纠纷解决机制的实践状态（耿宝建，2013：32）。

党的十八届三中全会上首次明确提出"社会治理"。2013年年底，党的十八届三中全会通过的《中共中央关于全面深化改革若干重大问题的决定》中指出："全面深化改革的总目标是完善和发展中国特色社会主义制度，推进国家治理体系和治理能力现代化是我国全面深化改革的总目标"，并强调要"创新社会治理体制"，"创新有效预防和化解社会矛盾体制"。"社会治理"在党的十八届三中全会之后全面进入政策议程。2014年党的十八届四中全会通过的《中共中央关于全面推进依法治国若干重大问题的决定》则进一步强调"坚持系统治理、依法治理、综合治理、源头治理，提高社会治理法治化水平"，在纠纷解决方面提出"健全社会矛盾纠纷预防化解机制，完善调解、仲裁、行政裁决、行政复议、诉讼等有机衔接、相互协调的多元化纠纷解决机制。"此后，2019年10月党的十九届四中全会提出"坚持和完善共建共治共享的社会治理制度"，要求"完善社会矛盾纠纷多元预防调处化解综合机制，努力将矛盾化解在基层"。2020年10月党的十九届五中全会提出"构建源头防控、排查疏解、纠纷化解、应急处置的社会矛盾综合治理机制"。

可见，纠纷及其解决，包括多元纠纷解决机制的构建作为社会治理的重要内容与有机组成，与当代中国社会治理、国家治理体制创新存在密切的联系（周雪光，2017）。为此，本书将纠纷解决研究置于当代中国基层社会的地域背景之下，置于社会治理创新的时代背景之中，力图从基层社会纠纷的实际经验入手，解析实践中纠纷解决的过程，考察多维政策因素与现实纠纷解决方式的互动，从而反思多元纠纷解决机制与社会治理创新这一现实议题。

关于本书的主题，还需要对如下几个概念做初步的说明。

## 一 基层社会

万事胚胎，皆由州县，国之运行以基层单位为基础，而国之大事，其萌芽先兆、运行情况与发展态势，则可从基层社会中见微知著。与关注宏大历史叙事的理论研究不同，本书立足于基层社会的实地调研，关注基层的纠纷及其解决机制的构建，并以此来回应社会治理创新的时代主题。那么，何谓基层？理论界一般是指区县级层次及其所辖区域，往下包括城市社区、农村村寨、基层单位等。在地理空间上，本书承袭上述界定。与此同时，本书的"基层"又是local level的，"并不仅仅限定为地域或地理空间，而是相对于自上而下地制定和实施法律政策的国家及其提供的制度空间意义上，泛指正式制度外的或作为政策实施场域的社会"（王亚新，2001：198）。同时，基层也是一种研究调查的旨趣所在，在纠纷解决研究中，若从微观的纠纷过程来透视秩序构建的特点，调查与分析的对象单位应该是较小范围内的秩序整体及其中的纠纷现象。着眼于"基层"，"一方面，通过具体的或类型化的纠纷处理过程来认识了解该范围内规范和秩序的特定存立状态；另一方面，又总是从特定秩序整体的角度去理解和把握一个个的或某一类，某几类纠纷。这样的研究路径可称为基层（微观）的然而又是整体性的方法（local but total approach）"（王亚新，2001：230）。由此，本书的基层社会，大体包含三个含义：一是地理空间意义上，对区县及以下层次区域的纠纷解决的实证经验研究；二是以基层单位为视角，例如观察基层人民法院①处理纠纷的过程和程序，以及这种解纠过程对当地规范、秩序、治理结构形成的作用；三是基层作为一种研究方法或研究视角，虽然这里发现的是具体的知识，地方性的知识，然而这些知识并不因为其产地在某个地方就不能回答理论世界的某个中心问题（苏力，2004：125）。

### 二　多元纠纷解决机制

构建多元纠纷解决机制是我国当前社会治理的重要议题。广义上，有研究将多元纠纷解决机制定义为"在一个社会中，由各种不同性质、功能和形式的纠纷解决方式（包括诉讼与非诉讼两大类型）相互协调互补，共同构成的纠纷解决和社会治理系统"（范愉，2011：35）。狭义地，是指突破单一依赖司法实现法律正义，以各种替代性方式追求多元化正义的纠纷解决机制。多元化的纠纷解决是当代世界各国在"实现正义"（Access to Justice）的理念下的实践需求，本书采用广义的多元纠纷解决机制的定义。

多元是相对一元、单一而言的，"即在认同人类共同的善和法治的前提下，追求价值、正义、实现正义之途径以及社会治理方式的多元化。具体到纠纷解决机制，则强调诉讼与非诉讼、法律机制与其他社会调整机制、国家权力与社会自治、公力救济与社会救济及私力救济之间的协调互动，以实现多元化的价值和功能"（范愉，2011：36）。在实践中，科学配置纠纷解决资源，供给多种解纠方式供当事人进行选择，方能满足当事人的多元需求。当然，多元不是平面的简单排列，它需要各种纠纷解决机制形成立体化的综合与融合，即机制本身是一种整体性的有机构成，内部存在有机衔接（刘文会，2013：129）。

可见，构建多元纠纷解决机制不是仅仅引入多种解纠方式，而是致力于建立纠纷解决方式与机制的生态体系；不是仅仅着眼于化解矛盾与纠纷，维护社会稳定和谐，而是致力于通过纠纷解决，实现国家与社会

---

① 基层人民法院，简称"基层法院"，下同。

的互动，实现法治在社会生活中的深入，从而推动社会治理创新。

### 三　法治与社会治理

当代中国的治理结构转型，是从"权治"社会向"法治"社会转型（郭星华，2013：263），也是从"政治"社会向"法治"社会转型（冯仕政，2013：17），在治理结构转型的过程中，纠纷普遍存在，但不是所有的纠纷都具有可受法律的评价性（汤维建，2008：3）。由于各种因素的制约，有些纠纷适合法律规范来调整，有些纠纷则不适合，需用各种社会性规范来加以处理。在迈向法治社会（江必新、王红霞，2014；陈柏峰，2019）的进程中，用法律规范来化解纠纷的领域将不断扩大，纠纷解决将更多地走向法治的轨道，以法治的思维与方式进行纠纷解决，从而不断提升社会治理的法治化水平。

在"权治"或"政治"社会中，社会治理更多地依靠行政力量，在行政权力的主导下，政府成为整个社会的全面管理者，各种基层纠纷解决机构的建立和运作都是在政府权力的影子下发挥作用（梁平、孔令章，2011：145）。然而，随着"法治"社会的建设，司法部门，特别是法院在纠纷解决中将发挥越来越重要的作用。同时与西方法治国家对纠纷解决的认识不同，"定纷止争"只是纠纷解决的一个维度，中国的纠纷解决在法律上的结果之外，还强调法律效果、社会效果、政治效果的统一。这就使解纠机制的"多元"有了深刻的中国本土背景。

## 第二节　纠纷解决与秩序

### 一　纠纷中的秩序

纠纷是社会的一种常态现象，问题的关键在于对出现的各种纠纷能否有效地化解和消弭，因为"如果一个纠纷未得到根本解决，那么社会机体上就可能产生溃烂的伤口；如果纠纷是以不适当的和不公正的方式解决的，那么社会机体上就会留下一个创伤，而且这种创伤的增多，又有可能严重危及对令人满意的社会秩序的维护"（博登海默，2004：530）。和谐社会并不是消失一切纠纷的社会，而是有了纠纷可以通过多种机制妥善化解的社会。当前加强和创新社会治理，不是要求整个社会没有纠纷，而是要妥善化解纠纷，发挥纠纷解决的正面作用，促进社会整体秩序的和谐。

对于纠纷的解决，民众有漫长的实践经验，学者有丰富的理论研究（朱涛，2010）。尤其是近些年来，纠纷解决的议题在多个学科引起了广泛的回应，特别是在法学界、社会学界、政治学界，产生了诸多有价值的研究成果。总体来看，目前国内关于纠纷解决的研究具有如下特点：（1）大量研究某种纠纷或者相应的纠纷解决机制，较少深入探讨纠纷及其整体解决机制、解纠逻辑；（2）群体性事件、突发性事件等非常规性纠纷及其处理成为不少学者关注的重心；（3）在研究方法上，规范性研究仍占据主流地位，一些论者比较关注"应然"问题，而对纠纷解决的实际面貌的深度研究不足。

在纠纷解决过程中，会历史地、现实地、经验地逐渐形成多种解决纠纷的机制。"纠纷解决机制是指为解决纠纷而创制的各种纠纷解决方式的总和，它包括诉讼、仲裁、调解及其他任何在第三方主持或参与下解决纠纷的方式。一种富有活力的纠纷解决机制所包含的各种纠纷解决方式能满足解决不同纠纷的需要，使纠纷当事方有权选择自己认为最'合算'的纠纷解决方式。只有这样，纠纷解决资源的配置和利用才是有效率的"（王肃元，1998）。那么，如何具体地来厘清纠纷解决在社会治理中的作用，这就有必要从纠纷本身的特质入手，以理解纠纷解决的意义。

### 二 纠纷的发展阶段

在法律社会学和法律人类学研究中，纠纷①的产生和发展并不是一个"一蹴而就"的过程，其中纳德尔（Laura Nader）和托德（Harry F. Todd）的"纠纷三阶段"理论为我们完整地理解纠纷发展过程以及纠纷与秩序的关系提供了一个较为精致的框架（Nader & Todd, 1978: 14—15）。这一理论把纠纷过程分为三个阶段（王亚新，2001: 209—211）。

第一阶段是"不满"阶段（the grievance stage）。此阶段是冲突发生

---

① 纠纷及其解决是法律社会学、法律人类学的重要经典议题。

的开端，当事人认为自己的利益受到了侵害而产生不满情绪，并可能采取某些单方面的行动。在"不满"阶段，当事人可能有的反应包括："忍受""回避"和"提出谴责"。

"忍受"（lumping）意味着在维持与侵害者原有关系和被认知的侵害依然存在的前提下，放弃与对方争议乃至向对方提出抗议的机会，从而在自己内心或己方内部"处理"了纠纷。忍受一般是当事者在对纠纷或争议可能获得的收益和付出的成本以及力量对比关系作了计算之后的选择，因而经常是"理性的"。具体地，受害人要对"争"和"忍"所导致的不同收益状况进行比较，然后做出抉择。一般来说，"忍"的收益是容易确认的，但是"争"的结果预测却比较困难，因为这取决于对方（责任人）如何反应，而对方的反应又取决于受害人的态度、和受害人的关系、声誉、法律的制裁等众多的因素（冉井富，2005：103）。

"回避"（avoid）也可称为"退出"（exit），俗话说"惹不起却躲得起"。这尽管也包括了"忍受"的因素，但当事者采取了与对方切断关系的选择。"忍受"和"回避"使纠纷暂时或长期处于潜在状态，甚至消失，因此它们都可能是纠纷处理的方式。

"提出谴责"（claiming）是指受害者向对方交涉并进行指责以表达自己的不满。当事人权利意识的增长促进了"依法抗争"（O'Brien，1996，2013；O'Brien & Li，2006；李连江、欧博文，2008），"以法抗争"（于建嵘，2004）的感情和行为，提高了受害者主张赔偿的预期收益，激发了受害者"争"的积极性。如果对方就此立即改变自身行为、"忍受"或"回避"反应，纠纷将停留或消失；若对方采取争执或对抗的态度与行为，纠纷过程就进入了下一个"冲突"阶段。

第二阶段是"冲突"阶段（the conflict stage）。冲突是一个纠纷双方相互作用的过程，往往由双方一系列的对抗或争斗行为组成。在这一阶段，当事人自行处理并可能使纠纷终结的状况主要包括"交涉"与"压服"。

"交涉"（negotiation）是现代社会最为普遍的纠纷解决方式。在"交涉"过程中，纠纷当事人往往会使用说服、讨价还价等方式达到合意、相互妥协，从而解决纠纷。以"交涉"方式解决纠纷的正当性（或合法性）基础在于当事人的意思自洽。

"压服"（conquest）是纠纷一方当事人凭借实力或强力强制对方完全服从自己意志的纠纷处理方式。在一般情况下，"压服"被认为是现代社会中不被认可的、缺乏正当性的纠纷处理方式，它只能使纠纷潜在化或暂时消失。

第三阶段是第三方介入的"纠纷"阶段（the dispute stage）。如果纠纷当事人不能自行处理并终结纠纷，纠纷之外的主体就会进入纠纷过程中作为纠纷处理的第三方，纠纷就从"冲突"阶段进入"纠纷"阶段。这种介入可能是因当事人的请求，也可能出于第三方的主动。第三方的介入意味着纠纷的影响达到了相当程度，也意味着将纠纷解决置于更为广阔的公共空间之中。理想的第三方应该绝对地中立于纠纷及纠纷当事人，现代社会各种正式解纠制度中的法官、仲裁员和调解人员相对地接近于此意义上的第三方。

在一个冲突事件最终成为第三方介入的纠纷这一过程中，大量的事件都被"过滤"掉了。针对这个过程，格兰特提出了著名的"过滤"理论（Galanter, 1983）。也就是说，在纠纷形成和转化过程中，大量的冲突事件被过滤了，只有一小部分保留下来。这一小部分在后续阶段的转化中继续被过滤，直至纠纷最终终结。每一次过滤都会形成具有某些特征的事件集合，构成纠纷发展中的"一层"（a layer），这些集合一层一层地叠起来，形成"纠纷金字塔"（Dispute Pyramid）（Miller and Sarat, 1980—1981）。

在社会治理中，进入管理者视野的往往是已经进入第三阶段的纠纷。而要妥善地解决纠纷，需要考虑纠纷的背景、具体情境乃至深层的文化传统，才能有效地化解矛盾、解决纠纷。

### 三 "第三方"纠纷解决方式

我国基层社会现有的纠纷解决方式，按照其运作方式的特点，一般可分为调解、仲裁、诉讼、信访这四大类。

（一）调解

调解是指第三方依据一定的社会规范（包括习惯、道德、法律规范),在当事者双方之间沟通信息,摆事实讲道理,促成相互谅解、妥协,从而达成最终解决纠纷的合意。调解中第三方的任务在于劝导当事人消除对抗,提出纠纷解决的建议。我国历史上存在多种调解形式,如民间调解、官批民调、官府调解等,但以血缘、宗族基础上的民间调解为主,担当第三人的往往是家族或村落中享有威信的长者。当代中国社会的调解形态更为丰富,不仅民间调解依然发挥着作用,而且还形成了法院调解、行政调解、人民调解委员会调解这三大正式的纠纷调解机制。

1. 民间调解。民间调解是指由民间组织或个人主持的,以民间通行的各种社会规范为依据,通过对纠纷当事人进行说服、劝解,促使他们互相谅解并自动消除纷争的活动。调解成功的前提在于双方的让步与通融,一般情况下当事人愿意让步是由于如下情况:一是当事人出于对调解人的高度信任,在调解人的劝导下主动放弃自己的某些利益要求,确信自己的让步会以另一种方式得到补偿;二是当事人慑于调解人的名望或威信,在调解人的"情、理、利"的多方攻势下,考虑到自己不做让步会处于更不利的境地。通常,民间调解须有权威的介入,调解人具有一定的权威易使纠纷当事人接受调解人所做的是非评判及相关建议从而做出让步(王亚明,2006)。

2. 法院调解。法院调解是指在法官的主持下,双方当事人协商解决纠纷。我国法院调解可以追溯到20世纪40年代的革命根据地时期,当时发展为"马锡五审判方式"(范愉,1999)。和法院判决一样,法院调解也是我国法院审结民事案件的方式。法院调解分为庭前调解和审理中调解两种形式。现行《民事诉讼法》①确立了"自愿与合法调解"的原则,在法院调解中调解与审判可以动态转换、交互运行。

3. 行政调解。我国各类行政主管机关根据有关法律法规的规定,一般都有通过行政调解或行政裁决的方式处理该领域公民的申诉和纠纷的职责。例如,公安机关根据《治安管理处罚条例》就违反该条例而应承担的民事赔偿所进行的调解;公安机关交通管理部门根据《道路交通安全法》对交通事故损害赔偿所进行的调解;乡镇司法所根据《民间纠纷

---

① 为行文简练起见,本书中《民事诉讼法》代指《中华人民共和国民事诉讼法》,下同。

处理办法》基于当事人的请求所进行的居间调解等（张榕，2006）。行政调解在启动程序上依当事人的申请，以自愿为原则，行政机关只是提出调解方案，促成当事人双方达成协议。在法律效力上，调解协议依靠当事人自觉履行。一方或者双方当事人反悔，则调解协议自动失效。当事人不服调解结果的还可提起诉讼。

4. 人民调解委员会调解，即人民调解。人民调解制度是一项具有中国特色的法律制度，"是利用人民群众推选组成的群众性调解组织——人民调解委员会依照国家法律、政策以及社会主义道德、习俗采用调解方式解决人民内部纠纷的一种活动"（柯阳友、高玉珍，2006）。人民调解是依法设立的群众性自治组织采用居间调解方式解决民间纠纷的方式和程序的统称。根据《人民调解委员会组织条例》的规定，人民调解委员会是（农村）村民委员会和（城镇）居民委员会下设的调解民间纠纷的群众性组织，在基层人民政府和基层人民法院指导下进行工作。截止2019年，我国有人民调解委员会73.5万个[①]。实际上，除了村委会和居委会之外，街道办事处、公安派出所等也参与这种性质的调解，在全国范围内形成了人民调解网络。

（二）仲裁

仲裁又称公断，是指纠纷双方在纠纷发生前或纠纷发生后达成协议，自愿将纠纷提交非司法机构的第三人审理，并做出对纠纷当事人有约束力的裁决的争议解决方式或制度。仲裁起源于古希腊和古罗马，最初用来解决商人之间的商业纠纷。与调解、诉讼相比，仲裁基本符合了正义与效率这两个价值目标，即"案件不公开审理，当事人的隐私与信誉能得到更好的保护；仲裁是当事人自愿选择的，既满足了仲裁自愿与契约自由，又缓和了对抗性；仲裁收费较低，程序简便灵活，一裁终局，裁决可申请法院强制执行，使裁决能得到有效的执行"（杨帆，2006）。

仲裁与调解具有共同特点，即都是第三方对纠纷的解决发挥重大作用，所不同的是调解中的第三方并非裁判者，无权做出裁决，而只能通过劝说促使当事人双方达成协议。

---

[①] 参见国家统计局统计数据，https://data.stats.gov.cn/easyquery.htm?cn=C01。

(三) 诉讼

诉讼是指将纠纷提交到法院，由法院按照法定程序对案件进行审理并做出裁判的纠纷解决方式。诉讼特点是以公权力（法院作为国家代表）作为基础，选择诉讼的方式通常是当事人之间的利益冲突和矛盾已经发展到不可调和的程度，诉讼的过程实际上是纠纷双方彼此对抗以及借助外部的强力平息纠纷。

诉讼是使法治具体化、生活化和形象化的重要方式，也是社会法律化的基本途径。美国法律社会学家弗雷德曼认为，"司法制度的巨大威力在于，它能使一项请求变成一条受保护的权利……更重要的是将统治权力隐藏在了法院判决的背后"（弗雷德曼，2000）。在法律社会学看来，理想的诉讼一方面"通过司法程序将价值问题转化为技术问题，从而使因矛盾或纠纷可能给政治及社会体系正统性带来的重大冲击得以分散或缓解"（王亚新，2004），即把社会中存在的矛盾和利益冲突转化为具体的诉讼问题，从而缓和社会动荡，避免社会的崩溃，如法国社会学家托克维尔所说的"将政治问题转化为法律问题"加以解决（托克维尔，1991：310）。同时，把"公平"和"正义"作为最高价值和标准的司法诉讼，常常被视为国家权力和秩序"正当性"（合法性）的象征和符号，司法运作过程也就是确认这种"正当性"的再生产过程。可见，诉讼的优点在于国家强调的权威性、强制性和解决纠纷的终结性，这是法院的性质、职能及其受案范围和司法最终解决原则的体现。诉讼过程中，其程序规范的适用使诉讼参与人的程序权利得到切实维护和保障，而实体规范的适用则使实体争议的处理被限定在法律许可的范围内。因此，有学者认为诉讼是"解决纠纷、保护权利的最权威和有效的机制"（吴宏文、葛雪梅，2003）。

不过诉讼也存在弊端，一是审判系统自身正当性与妥善而全面地解决纠纷之间的矛盾，二是当事人的日常生活逻辑与法律人员的专门技术逻辑之间的矛盾。具体地，诉讼局限性表现有：（1）诉讼成本相对高昂。"不是所有的司法判决都能产生正义，但是每一个司法判决都会消耗资源"（白岱恩，2003）。（2）诉讼迟延。"迟来的正义就是不正义"指诉讼以严谨的程序设计来确保程序正义和实体正义的实现，实质上是在牺牲效率基础上追求正义。(3) 诉讼解决纠纷可能不利于社会关系的修复。很多情况下，纠纷有了诉讼结果但当事人之间的关系可能更为恶化，即"国家法所确立的以公力救济为特征的纠纷解决方式，表面上排除了冲突所引起的社会障碍，但并不能消除主体的心理对抗。不仅如此，诉讼中的对立地位有时还增加了彼此间的对立情绪，个别纠纷经过诉讼后反而扩展为后续长期的对抗，在周围社会中也可能产生不好的影响"（洪浩，2006）。(4) 诉讼程序复杂。诉讼程序主要是以制度构建的方式生成，而很多非诉讼解决机制却有着更深刻的历史根源。"一个民族的生活创造它的法制，而法学家创造的仅仅是法制的理论"（苏力，1996：289）。(5) 有限合意。与调解、仲裁等以一定程度的合意为前提的纠纷解决方式相比，诉讼更多地依靠法官的权威判断。在实践中，即使是胜诉的当事人对裁判结果也可能不满意。

综合来看，诉讼强调国家司法机关做出裁判结论的权威性、终结性，程序相对繁多，周期较长，耗费资源较多，效率不高，许多学者提出应当鼓励大多数的纠纷当事人以更加合作和灵活的方式解决他们的纠纷或争议（宋冰，1998：420）。作为现代社会中最正式的纠纷解决方式，诉讼不应成为"第一选择"，而应该是"最后的救济手段"。诉讼应为其他解纠方式提供保障和支撑，成为维护社会正义的最后一道防线。

### （四）信访

"纠纷解决虽然不是信访制度设计的初衷，但这一功能在实践中却逐步演化为相对重要的功能，尤其在信访人那儿，这一功能得到了特别的重视"（张丽霞，2010：5）。在信访实践中，信访人为了解决争议、维护权利，常常选择通过写信、来访等方式，向各个不同的信访部门反映问题，谋求纠纷解决。

相对于调解、仲裁、诉讼，信访所处理的纠纷更为复杂，大量的"疑难案件""历史遗留问题"往往在经历了其他纠纷解决方式"过滤"之后又"顽强"地留存下来，最终流向信访寻求解决（朱涛，2011）。在当前的制度结构和强调社会稳定的体制下，信访虽然存在诸多不足，但至少能为纠纷解决提供一个弹性的空间，即通过信访，普通民众特别是缺乏资源的底层民众有机会将诉求带到一个较为广阔的空间，引起更广泛的关注，从而增加纠纷解决的可能性。这也为整个底层社会的紧张、抗争提供了一个释放压力的空间。同时，信访有利于冲破关系网的束缚，增强裁定的相对独立性，特别是"在司法不公仍较普遍的情况下，信访尽管缺乏司法的规范程序，并有很强的人治色彩和恣意成分，但其可能具有的实体正义一面，依然是现行司法救济体系重要的补充"（陈广胜，2010）。因此，至少在健全纠纷解决机制、树立法律至上权威的漫长过程中，信访制度"无论对于仍对行政诉讼持怀疑态度的行政相对人还是对于在行政诉讼中走投无路的行政相对人来说，都具有重要的意义"（应星，2004）。

此外，从信访本身的发展历史来看，"自 20 世纪 70 年代末开始，伴随社会转型的深化，社会矛盾日益凸显，信访的信息传达、社会动员等功能逐渐让位于纠纷解决"（张红，2011），在常规司法救济不能或者不适宜的情形下，信访开辟着一条中国式的替代性纠纷解决途径，成为社会纠纷多元解决机制的重要一环（朱涛，2011）。总体上，信访制度在现阶段依然有其生命力和合理性，在实践上已成为我国纠纷解决体系中不可替代的重要组成，是我国社会治理体制中不可缺少的制度安排。

综合来看，纠纷是多种多样的，纠纷解决机制也应当是有层次的、多元化的。调解、仲裁、诉讼甚至信访都有自己适合的纠纷对象，但也都有各自的局限。以当前"法治"进程中最为推崇的纠纷解决方式——诉讼为例，"无论审判能够怎样完美地实现正义，如果付出的代价过于昂贵，则人们往往只能放弃通过审判来实现正义的希望"（棚濑孝雄，2002：267）。这说明纠纷解决方式的选择，不应只考虑纠纷的特点与纠纷解决方式的特点相适应，而要考虑当事人的主观意愿。

加强和创新社会治理，完善社会治理制度需要构建丰富的多元化的纠纷解决机制，需要在不违背当事人意志的前提下，提供多种可供当事人选择的纠纷解决方式，而不是一概而论将纠纷赶向诉讼轨道或者某些特定方向。多元化纠纷解决机制应当是一个开放、变动的体系，任何能够有效化解纠纷的方式都可以被纳入这一体系当中（朱涛，2011）。同时，纠纷解决机制也需重视对纠纷解决过程进行有效管理（耿宝建，2013：48）。纠纷发展阶段理论说明纠纷的产生与发展是动态的过程，因此纠纷的处理或解决也应当是动态的。长期以来，调解、仲裁、诉讼、信访等纠纷解决机制，多注重对已经发生的纠纷的"被动"处理，往往忽略了纠纷处理的过程视角。

## 第三节 纠纷资料和研究方法

为了深入考察基层社会纠纷解决的经验与过程，进而探索社会治理创新的可能路径，本书先后在北京、浙江、河北、山东、重庆、天津、江西、贵州、云南等地进行了实地调查，走访了基层法院、信访办、司法所、综治中心等各地纠纷解决的相关部门并对资料进行了相应整理，尤其是通过对基层法院的深入调研，收集了大量的案件卷宗等文献资料，旁听庭审，并整理对法院法官的访谈语音资料等。下面以笔者重点调研的 A 县人民法院为例，对纠纷研究资料的基本情况和研究方法做简要介绍。

### 一 研究对象

A 县人民法院位于 A 县城区，成立于 1961 年。除了县人民法院本身外，还下辖有三个乡镇人民法庭。在县人民法院主要设置有政治处、办公室、行政科、审监庭、行政庭、刑庭、民一庭、民二庭、执行庭、法警大队、立案庭等部门。这其中，民事案件的审理工作主要由民一庭（审理一般民事案件）、民二庭（审理经济商业类案件）和立案庭内设的简案组来负责。目前法院编制内的工作人员有 145 名，其中担任审判工作的有 60 名审判员（包括助理审判员）。民事案件主要由 35 名法官在经手审理，分别为民一庭 9 人、民二庭 9 人、立案庭简案组 6 人，三个乡镇人民法庭 11 人。由于"文化大革命"等历史原因，A 县法院一直到 1982 年才开始有比较系统、正规的档案工作。事实上，法院档案管理、统计工作逐渐规范化的过程，也反映了"改革开放以来法院系统自身加强制度化、正规化建设的努力"（贺欣，2007：8）。同时，由于所有由乡镇人民法庭办理的案件视同县人民法院办理，且案件档案都统一交由县人民法院存档归类，因此在县人民法院拥有该县完整的案件统计资料。

## 二　调查过程

本书的调查涉及基层法院、信访办、司法所、综治中心等部门，以对 A 县人民法院的调查为例，工作大致分为两个部分，即收集档案室资料和现场调查。在调查进入许可的情况下，其他部门的调查情况类似。

一开始的调查集中在法院的档案室。档案室的案卷主要是改革开放以后特别是 1982 年以来的民事、刑事、行政、执行案件的案卷，也包括部分新中国成立以后到"文化大革命"之前的案卷。案卷按年份排列，编号采取"（××××）年××××号"的形式。有的案卷除了正本，还附有不对外公开的副本。另外，档案室还保存有法院的司法统计、案例汇编、会议记录等档案资料，既能用来对法院的历史和现状加以了解，也能补充案卷的背景资料。本书不可能对卷帙浩繁的所有档案进行细致梳理，所以对档案的选择性整理主要分为两步。

首先是通过历年司法统计数据的研究，掌握改革开放以来案件发展趋势的变化，并关注其中的民事案件。其次是进行案卷的阅读和整理。在这一过程中，对案卷的阅读首先是"面"上的，即先关注某一年的所有案件类型。在档案室资深工作人员 N 法官的建议下，笔者从浏览 A 县人民法院 2000—2018 年的民事案件案卷入手，对各类民事案件的情况有个大体的了解，并分类挑选了各类民事案件的典型案卷，涉及劳动、土地、婚姻、继承、赡养、交通事故、医疗事故、环境污染等案件类型。然后是"点"上的，即通过与 N 法官的讨论，重点选择近年来影响面大且在程序上富有示范意义的两类民事案件：土地安置费类案件和劳动争议类案件。对这两类案件又由今溯往，梳理该类案件的各种类型。其中，土地安置费类案件收集了 2000 年以来的 56 个典型案件，案件发生地分布在全县 40 个村，整理了各个村的相关土地安置政策。① 劳动争议类案件开始于 20 世纪 80 年代末，当时以追索劳动报酬为主，而近年来工伤、劳动合同争议的案件则占了较大比重，这类案件共搜集了 85 个典型案件。

---

① 在土地安置上，往往是一村一政策，所以同一个村的起诉案件非常雷同。因此，案件的梳理侧重不同村的案件的比较。

上述所有案件的案卷页数超过了12000页。这些民事案件与普通民众的日常生活和经济活动密切相关，国家的公共权力通过民事案件触及普通民众，法律与社会、个体与国家的力量博弈由此集中地得以表现。这一阶段以文献研究和文本分析为主。

在档案的基础上，为了解法院程序流程的实际运作，笔者通过旁听庭审、非参与观察等现场调查方式，积累资料记录。现场调查分为三个阶段。第一阶段是旁听庭审并接触法院的各个部门，通过和部分法官的聊天更深入地了解法院的程序流程。第二阶段是对一部分案件的现场审理做了录音，整理资料。另外通过日常接触，在食堂、餐馆、单位宿舍等轻松的场合获取一些辅助性的法官访谈资料。第三阶段为进一步研究法院的案件审理和组织运转过程，集中对分布在法院多个部门的法官深度访谈，被访法官分布于立案庭、民一庭、民二庭、档案室、研究室、执行庭还有乡镇人民法庭等。访谈内容分为现场笔记记录和事后录音整理两部分。

需要说明的是，鉴于这项调查的特点，本书将侧重从法院内部入手来考察纠纷解决，法官因此成为最关键的信息源，对原告、被告情况的了解也主要通过法官的描述。当然，本书在对纠纷解决的跟踪考察上也存在一些盲点，比如审判委员会的讨论。另外在一定的调查时段内，开庭审理的案件并不涵盖案件的所有类型，所以不同案件间现场资料的详略程度差别较大。

总体来说，研究资料大体可归纳为三大方面：一是法院的各类文件档案资料，涵盖历年司法统计、案例汇编、会议记录、规章制度以及案件卷宗，这是本书文本资料分析的基础。二是法院这一组织实际运行的资料，通过旁听庭审、非参与观察等现场调查方式，积累记录资料并编号归类。三是法官与纠纷当事人的资料，包括对分布在法院多个部门的多位法官（代称为法官 A，B，等等）进行深度访谈。

### 三　研究方法

在对基层法院、信访办、司法所、综治中心等纠纷解决相关部门的调研中，本书主要采取的是扩展个案研究。扩展个案研究是由美国学者布洛维提出的一种精细化的研究方法，① 该方法一方面吸收了分析性概括的优点，从个案研究本身的独特逻辑来思考问题，特别注重从个案中反思理论的角色，"从理论出发到个案，再回到理论，是建立在已有理论基础上的理论修正、检验或创新"（卢晖临、李雪，2007：126）；另一方面，该方法跳出个别个案本身，走向宏大场景，"搜集资料兼涉宏观和微观两个方面，分析时则始终抱持反思性的信条，时时体察宏观权力等因素对日常实践的渗透性和影响力。研究者居高临下地看待具体生活，亦从具体生活中反观宏观因素的变迁……跳出了个案研究的狭小天地，解决了宏观与微观如何结合的问题。同时经由理论重构，它实现了其理论上的追求，也体现了这种研究方法的价值"（卢晖临、李雪，2007：129）。② 案例研究具有系统展现因果机制与过程的优势，"并非仅仅关心知识的独特性，还关心一般性知识的积累，以及特定知识与一般知识的关系"（张静，2018）。

罗伯特·斯特克认为，"研究者在个案选取时要综合考虑多方面的因素，包括他个人的兴趣、是否有从事研究的途径等，特别是要选择那些令研究者认为会使自己获得最大收获的个案，即该个案的研究潜力要比代表性更重要。有时候甚至有必要选择一个不典型的个案"（Stake，2005；转引自卢晖临、李雪，2007：125）。本书在个案案件的选择上，采取的标准是那些所谓的典型案件、疑难案件（trouble case）（纳德尔、托德，1978），或者说关键个案（Harvey，1990：202）。③ 对被选案件的分析按照诉讼程序流程展开，一方面结合案件的文本记录，包括向社会公开的案卷正本和会议记录等，另一方面通过对法官以及法院其他工作人员的

---

① 扩展个案，也有学者称之为延伸个案，并认为 20 世纪法律人类学的研究中已自觉或不自觉地广泛应用此研究方法（朱晓阳，2004：29—30）。

② 针对沟通宏观与微观层次的研究，王亚新教授在法院研究中主张"基层（或微观）的然而又是整体性的"方法（local but total approach）。一方面通过个别具体的或类型化的纠纷及纠纷处理过程来认识了解该范围内规范和秩序的特定存立形态，另一方面又总是从特定制度整体的角度去理解和把握一个个的或某一类、某几类纠纷（王亚新，2001：230）。在笔者看来，该方法和扩展个案研究的思路是基本一致的。

③ 在关键个案研究中，研究者出于进行详尽经验分析的目的，精心挑选出案例，而该案例能够为解析谜团和矛盾提供特殊的焦点（Harvey，1990：202）。

访谈，追踪案件的审理始末，来把握整个案件的过程。同时，"运用延伸个案方法不仅要收集和调查个案本身，而且要将个案产生的社会脉络或情景也纳入考察的范围。其中特别需要注意的是个案的'前历史'（pre-history）以及个案平息的社会后果"（朱晓阳，2004：31）。

过程分析是本书主要的分析—叙述方式。"过程分析是把制度也作为一种社会过程，从参加该过程的个人行动层次上力图把握其现实动态的研究方法。更具体地说，就是把个人的行动与他们的动机、周围环境中的各种状况等因素结合起来加以考察，并在此基础上弄清制度在实际上的运行过程"（棚濑孝雄，2004：35）。只有在过程分析的视角下，才能明确当事人实际参与司法过程的主体地位；只有跟踪法院审判流程，通过对该流程中的一个个"程序节点"的分析，才能说明司法产品是如何生产出来的。换句话说，不仅要关注作为一种既存社会秩序的"属性"或状态的制度，还必须关注作为一种"过程"的制度（斯科特，2020：60）。

上述研究方法涉及两个区分：一是个案的代表性和个案特征的代表性的区分。对一个或几个基层单位（如人民法院）的分析，或者对几个案件的分析仍只是个案分析，并不具有代表性；但对基层单位（如人民法院）运行特征的分析，却可以从理论上予以概括，因而具有代表性。也就是说，研究的是个案特征，而非个案。个案可以是非常独特的，甚至是偏离正常状态的，但它体现出的某些特征却具有重要的代表性（Giampietro，2004：452）。二是地点和对象的区分。本书的分析重点不在于纠纷解决的地点——基层法院、司法所等，而在于纠纷解决的过程，并由此探讨多元纠纷解决机制的构建。研究地点不等于研究对象（格尔兹，1999：25）。虽然这里发现的是具体的知识，地方性的知识，然而这些知识并不因为其产地在某个地方就不能回答理论世界的某个中心问题（苏力，2004：125）。虽然本书主要采用质的研究方法，但在具体论证中，考虑到论述的需要，本书也整理、采用了一些数据资料来辅助分析。

本书共分为十章。第一章是对纠纷及纠纷解决的整体梳理。通过对相关文献的回顾，整理了基层社会纠纷解决研究的知识背景与研究现状，进而提出本书的核心关注，厘清分析视角和基本概念，并对研究对象、调查过程和资料、研究方法等做了说明。

第二章是对基层法院纠纷解决的研究。针对法院纠纷解决，梳理了规范分析、实践分析、话语分析的三种视角，展示出法院在实际运作中的复杂性。同时，本章探讨了社会变迁中的诉讼数据，介绍了社会变迁与诉讼数据的关联模型，并关照当前中国的现实，指出地域效应、案件类型、文化和制度效应等都是研究中需谨慎考量的因素。

第三章是基于立案过程探讨纠纷的转化。在纠纷转化为案件的过程中，系统化的法律逻辑与日常化的生活逻辑的交织互动持续发生，"纠纷格式化"概念的内涵包括对纠纷的定性、命名、形式化与文牍化等，并具体呈现为"内部过滤""外部包装"两大阶段，"过滤—包装"机制成为立案过程中纠纷转化的核心机制。这显示出主张程序正义的司法程序与约定俗成的惯例在互动中形成了一种互为制约、互为限度的紧张关系，同时也在一定程度上实现了法律世界与生活世界的沟通融合。

第四章到第七章是纠纷解决过程的研究。以基层法院纠纷解决为视角，关注法院案件处理的程序运作。基层法院民事类案件的审理程序有简易程序和普通程序两种类型。第四章分析了简案组法官应用简易程序审理案件的过程；第五章以劳动争议类案件为例，分析了业务庭法官应用普通程序审理案件的过程。第六章则详细分析了一个复杂案件中程序是如何被实践，事实又是如何被厘清的，展示了基层纠纷解决的复杂性。第七章是纠纷解决在庭审后的程序运作。讨论了庭审之后，案件审理结果如何经历了各种影响而最终达成，以及在判决书中又是如何表述的。

第八章是纠纷解决与司法程序的讨论。在基层法院处理案件，化解纠纷的过程中，讨论了法官在程序操作中面临的社区情境的情理压力、党政体制的权力压力、工作负担的职业压力及其对程序正义的影响。同时，以法官的视角重新审视程序对纠纷解决的意义，程序既是为了权利保障，也为了公开监督，还能通向实体正义。在实践中，程序流程管理使诉讼主体和社会公众"看得见"审理的阶段和步骤，使得审理结果更易被当事人和民众所接受，乃至具有广泛的认同度。

第九章是探讨公正观念的民间认同。民间认同这一视角是自下而上，是由民间指向官方的、制度性的、法律认可的各种公正观念。在公正观念的抽象原则下，官方和民间可能存在不同的、丰富变化的对抽象原则的具体解读，使得官方认同和民间认同可能相互一致，也可能相互冲突。从主观角度出发的解释维度有别于以往"实践"或"利益分配"的维度，这提醒在解释法律秩序"正当性"的达成与社会变迁时需注意民间认同维度。

第十章着重论述了"建构性的程序正义"概念，即在程序的每一个节点，在不同的案件情境中，程序运作都有可能被行动者创新，以变通的方式完成程序，行动者在接受结果的同时也间接地认同了重构的程序，这包含规范由行动者在互动情境中定义；程序运作取决于行动者各方的博弈；程序正义理念来自行动者的感受和认同等方面。同时，本章也总结了本书的研究意义和贡献，希望透视中国社会治理结构的转型，观察国家和社会生活如何在基层司法场域中互动，也反思本书的不足并展望未来的持续深入研究。

# 第二章

# 纠纷解决与法治

法治是当代中国国家治理、社会治理的重要议题,而法律是治国之重器。党的十九大把"法治国家、法治政府、法治社会基本建成"确立为到"2035年基本实现社会主义现代化"的重要目标。此前,党的十八届四中全会提出"全面推进依法治国","坚持法治国家、法治政府、法治社会一体建设",在社会治理领域就需要推进多层次多领域的社会治理,不断提高社会治理的法治化水平。在当代中国,在"法治"的宏大话语体系中,无论是国家还是民众都对通过"法治"来实现社会正义寄予厚望:利益希望以法治的精神来协调,纠纷希望以法治的原则来解决,关系希望以法治的框架来明晰等。但是,法治的理想必须落实到具体的制度和技术层面,难点是如何实现法治之'治',确保法律实施和法律实效(苏力,2000:2;凌斌,2013)。

法院在法治社会中承担着最终裁断者的角色。"在一个社会中,法院是法治的微观领域,是各种冲突和纠纷最重要的解决主体。在纠纷解决中,法院为纠纷双方提供了一个可以公开、清楚地发表自己诉求的公共空间,而且这也是一个制度化常设的公共空间。法院日常性地通过对无数个别纠纷进行的处理解决为法治提供了微观的基础"(王亚新,2001:226)。同时,法院特别是基层法院是法治理想得以具体实践的平台,它将法治的抽象原则应用到具体的纠纷解决之中,成为法与社会互动、法律社会学研究的重要领域(朱涛,2021)。

在多元纠纷解决机制的构建中,诉讼与非诉讼解纠机构是两大要素,但"法院重要性还在于通过其判例,从整体上影响和控制着法院外纠纷解决的法律标准，提供在法律的影子下协商的空间和界限"（梁平、孔令章，2011：145）。因此，法院诉讼的纠纷解决功能通过诉讼外的其他解纠机构的运作更为广泛地传导到现实生活中。

与此同时，在法院内部，通过诉讼程序的纠纷解决也具有重要意义，即以通过公正程序所做的判决结论具有可接受性的方式，使"正义不仅要实现，而且要以看得见的方式实现"。① 在纠纷解决的具体过程中，司法程序日益成为正义性、合法性的重要来源。现实中，国内司法界的主流话语一直在反复强调程序正义的设计和操作，似乎只要是严格遵循了程序正义的原则和步骤，纠纷就能得到妥善地化解，社会正义就能实现。但是，司法实践的丰富性总是远远超出了设计的预想，布迪厄也提醒研究者"要考虑法律在其结构及社会效果上究竟是什么……我们需要重新考虑司法工作在最具体的场所中、在形式化的活动中、在从事形式化工作的行动者在司法场域中的竞争所决定的利益当中、在司法场域与更大的权力场域的关系中所体现出来的深层的逻辑"（布迪厄，1999：530—531）。

可见，作为社会正义的最后一道防线，法院对于纠纷解决具有极为重要的功能，绝不能将法院在纠纷解决中所做的贡献等同于以判决来解决纠纷。因为无论是在调解等多种解纠方式上，还是在确立社会规则、影响诉讼外纠纷解决的可能等诸方面，法院都是当代社会治理中纠纷解决的重要机构。在多元纠纷解决机制中，多元并不意味着各种纠纷解决方式具有同等地位，法治社会中只有以司法为中心，各种纠纷解决方式才能获得社会的认可和法律上的正当性，也才能实现其自身机制的不断完善和良性运作（赵旭东，2009：163）。

那么，在作为中国法律大厦基座的基层法院，一个又一个纠纷或案件是经历了怎样的纠纷解决过程而结案的？法院的法律运作是以怎样一种机制和逻辑生产和再生产出程序正义的？"法律文本"中所表达的程序正义与法院"诉讼实践"中的程序正义两者间存在着怎样的张力，其原

---

① 这是一句西方著名的法谚，英文为"Justice should not only be done, but should manifestly and undoubtedly be seen to be done"（转引自徐亚文，2004：9）。

因何在？在后续章节中，本书试图通过对基层法院案件审理实践的深入考察来回答上述问题。

## 第一节 基层法院的纠纷解决

"法律社会学是在社会环境中研究法律，法律和社会间的关系是相互建构的，法律和社会互相塑造和定义"（梅丽，2007：中文版序言2）。一般来说，规范法学的研究主流较为忽视对法律实践、法院法律运作的研究，而着重于法理的推理和解释；而社会学或者其他社会科学又囿于自身的研究视野，很少涉足法本身的研究，这种情况因法律社会学的兴起才开始改变（朱涛，2010）。可以说，法律社会学研究的发展，其直接的推动来自对法律和社会两者间关系的关注。具体地，在法律社会学看来，在基层法院纠纷解决实践中，法律规定和法律实践之间的张力集中反映为"书本上的法"和"行动中的法"的鸿沟（Pound，1910：12；Levine，1990）。正是对这一问题的关注，直接深化了对司法解决纠纷的理解，因为对法律社会学学者来说，他们关心"法律是如何在实践中真正运作的。对这些学者而言，背离法律理想是其研究的重要对象，不是某种将被当作只是法律制度中的噪音而被抛弃的东西"（康利、奥巴尔，2007：14）。

### 一 规范分析

20世纪60年代之前，以规范为中心的法院研究（简称"规范分析"）主要关注法律规范的应用（如正当程序、证据开示等），研究司法机构运用的规则或那些用来规制这些机构行为的东西（Abel，1973）。这类研究实际上承袭了韦伯有关现代社会理性形式法的观念，即"每个具体的司法判决都应当是一个抽象的法律前提向一个具体的'事实情形'的适用"（Weber，1968/1978：657）。规范分析基于两个基本原则：一是法律的抽象和普世价值；二是法律要无偏见地给予人平等的对待（Trubek，1990）。规范分析关心的是法院在应用法律规范的时候，我们要平衡的价值是什么，例如，司法正当程序与保护公益的矛盾、程序正义和实体正义的关系、现行的规范是否达到了价值平衡等。在上述研究指向下，规范分析的最终政策建议是为了寻求更好的价值平衡。

规范分析应用在法院解决纠纷中，法律程序的设计因此成为关注的焦点。法律程序表现为按照一定的顺序、方式和手续做出具有法律约束力的决定的相互关系，其普遍形态是按照某种标准和条件整理争讼，公平地听取各方的意见，在当事人可以理解或认可的情况下做出决定（季卫东，1993：6）。在分类上，法律程序包含有立法程序、司法程序、行政程序等，其中尤以司法程序最为丰富和完整，并分门别类地分离出各种诉讼程序，如民事诉讼程序、刑事诉讼程序、行政诉讼程序等。

## 二 实践分析

从20世纪60年代早期到20世纪80年代后期，随着美国批判法律研究、法和社会运动的兴起，法治的框架内出现了前所未有的各种张力、机遇和期待，它们"势必打破自治并使法律与政治和社会重新整合"（诺内特、塞尔兹尼克，2004：79）。法律实证研究的一个主要目标是使法律"更多地回应社会的需要"（Jerome，1932：568），使法律机构能够更完全、更理智地考虑那些法律必须立足和应用的社会生活。

在上述背景下，法院法律运作研究出现了第一个转向，即从"规范为中心到实践为中心"，关注在法院（或法庭）中法律事实上是如何被应用的。以实践为中心的研究（简称"实践分析"），最重要的推进是认识到"书本上的法"和"行动中的法"的鸿沟（Pound，1910：12；Levine，1990），关心的问题是法律规范宣称要达到的目的在实践中达到了吗？真正的法律实践是什么？这类研究通常运用经验研究的方法来对待司法过程，常见的方法有观察、访谈、裁决的定量分析、历史数据纵向研究等（Friedman & Percival，1976；McIntosh，1980—1981）。实践分析先试图找到一个事实（reality），然后当发现与理论宣称不一样时，再寻求解释，即"弄明白法律是如何运作的，弄明白法律是如何经常不能实践其承诺的，以及作为研究者和学者的我们能够做些什么以揭示法律的过程"（康利、欧巴尔，2007：第二版前言3）。

有关理论和实践的背离，解释因素可有内在视角和外在视角之分。

内在视角可以考虑法院组织内部的诸多行动者（如法官、当事人等）如何影响了实际的法院行为；可以考虑正式规则阴影下的潜规则；可以考虑工作习惯，如在刑事案件中，辩方律师往往从自己熟悉的案件形态，而不是从正式的司法术语来进行辩护（Sudnow，1965：255—276）。而外在视角，则可考虑人种、性别、民族等因素对法院判决的影响；考虑历史、社会、经济和政治情境，如欧洲历史上"流浪者法案"的颁布，其历史背景是在瘟疫和十字军东征伤亡的情况下，欧洲各国需要补充新的劳动力（Chambliss，1964：67—77）。

在有关中国的研究中，黄宗智的相关著作是此类实践分析的代表。例如黄宗智对清代诉讼的研究，指出清代法律制度在（官方）表达与（民间）实践两方面既互相矛盾又互相依赖，官方的表达和法律制度的实际运作，既矛盾又统一。一方面，它具有高度道德化的理想和话语，体现一种儒家的统治理念，主张仁政；另一方面，它在操作中比较实际，能够适应社会实际和民间习俗，体现一种法家的统治方式（黄宗智，2001：重版代序 10）。在对中国社会的民事判决和调解做了系统的历史和现实分析后，黄宗智扩展了中国法律研究中的"实践"概念，认为"实践包含三个相互交搭而又不完全相同的含义：相对理论而言的实践、相对表达而言的实践、相对制度结构而言的实践（或实际运作）"（黄宗智，2008）。除此之外，苏力（2000）、王亚新（2005）、应星（2004）、强世功（2003）、董磊明（2008）等学者的法律社会学相关研究，也从实践视角展示了中国社会中法律的现实运作。

### 三 话语分析

自 20 世纪 90 年代以来，法院法律运作研究出现了第二个转向，即从"实践到话语"，探索法律是如何概念化"事实"，以及这些"事实"是怎么来的。这一转向深受福柯的治理术和谱系学以及卢曼的系统理论的影响。实践分析提出的问题是"在司法过程中事实上发生了什么"；而在话语分析为中心的研究（简称"话语分析"）中提出的问题是"在司法过程中什么被认为是发生了"。这不是关注司法过程的本体论性质，而是关注其知识论建构，如人们如何通过某种框架来理解法律（Anderson，

2000：170）。话语分析扬弃了实践分析对"事实"的关注，转而关注"建构事实"的过程。

在话语分析的研究中，美国法律人类学家梅丽（Sally Engle Merry）的作品颇具代表性。她通过研究两个新英格兰城镇及其初等法院发现，一个纠纷可以用三种话语来命名，即法律话语（legal discourse）、道德话语（moral discourse）、治疗话语（therapeutic discourse）（见表2—1）。其中，法律话语是一种关于财产、权利、对自我和私人物品的保护、产权归属、事实和真相的话语，并不是指特定的法律或法律条文；道德话语是一种关于人际活动的话语，涉及邻里、父母与子女、兄弟和姐妹等之间的道德义务等。道德话语是与各种社会关系的定义相联系的责任和义务，其对事件的解释均是依据人际关系作出的道德上的判断；而治疗性话语是一种来自专业援助人员的话语，这种话语认为行为是由环境造成的而不是个人的错误。治疗话语侧重对行为做出解释，它只强调困难而不对行为做出正误判断，也不会责备当事人（Merry，1990：112—114）。

表2—1　　　　　　　　　三种诉讼的话语

|  | 法律话语 | 道德话语 | 治疗话语 |
| --- | --- | --- | --- |
| 含义 | 是一种关于财产、权利、对自我和私人物品的保护、产权归属、事实和真相的话语（梅丽，2007：153） | 是一种关于人际活动的话语；是与各种社会关系的定义相联系的责任和义务（梅丽，2007：155） | 是一种来自专业援助人员的话语，认为行为是由环境造成的而不是个人的错误（梅丽，2007：157） |
| 依据和框架 | 法律的范畴和解决方法 | 道德的范畴和解决方法 | 救助职业的范畴和解决方法 |
| 由谁制定和宣布 | 法院 | 社区和家庭 | 进行帮助的专业人员 |
| 价值观 | 权利和证据 | 人们应该怎样对待他人、公平、合理、妥协 | 治疗和矫正，环境和社会压力下的行为方式 |
| 价值观的根据 | 法律 | 关系、尊重和声誉 | 帮助 |

续表

|  | 法律话语 | 道德话语 | 治疗话语 |
|---|---|---|---|
| 诉说方式 | 证据、文件呈递、书面清单、照片和证词;通过权衡证据并确定适用的法律条文来找到解决问题的方法(梅丽,2007:154) | 涉及邻里、父母与子女、兄弟和姐妹等之间的道德义务;对事件的解释均是依据人际关系做出的道德上的判断(梅丽,2007:155) | 获得或接受帮助,将身体缺陷与情绪问题联系起来;侧重对行为作出解释,它只强调困难而不对行为作出正误判断,也不会责备当事人,解决方法取决于对有问题的人的"治疗"(梅丽,2007:157) |
| 概念举例 | "骚扰""违反合同""非法侵入""财产所有权""隐私""证据" | "善良的人""疯子""友谊""邻里义务""父母责任""理解""替他人着想""宽容" | "酒精中毒""精神疾病""不成熟""心理不正常" |

在纠纷解决中,法院争取把纠纷命名为道德问题或者治疗问题而采用非法律方法处理,原告则争取把纠纷命名为法律案件而要求以法律方式处理。对于为什么出现这样不同方向的命名,梅丽总结这是因为多年来国家推行个人主义,发出权利"邀请",承诺对权利,尤其是对弱者的权利给予保护和救济,导致人们的权利意识不断增长,并对国家的权利救济和保护充满了希望和信赖。但是,当人们真的把大量的私人纠纷提交到法院求助时,法院却因为三个原因而陷入困境:一是经费和人力不足;二是私人之间的纠纷混杂了大量的关系、感情因素,很难法律化,运用权力、责任、制裁这样的手段很难妥善处理;三是要处理这些问题需要深入私人生活空间,导致公共权力挤压私人空间、权利异化等这样的危险(Merry,1990:100—133;转引自冉井富,2005:123)。对所发生的纠纷到底是作为案件解释还是作为问题解释预示着两种不同的处理方式,梅丽认为谁的解释占据了优势地位,谁就能决定对问题的处理方式(Merry,1990:93)。但在笔者看来,即使纠纷各方对纠纷性质的解

释达成了一致，处理纠纷的方式仍然需要讨论，"解释——处理"并不是直线相连的，在法院的法律运作中，实际的处理往往结合了解释以及其他各种因素。

在梅丽的这项研究中，虽然话语分析已经作为一个中心问题出现，但是，康利（Conley）和欧巴尔（O'Barr）却认为，在这类民族志取向的研究中，梅丽关注法律过程中的话语只是为了解释和了解法律系统的运作情况，缺乏对法律语言本身的研究自觉（康利、欧巴尔，2007：2）。对此，康利和欧巴尔区分了话语分析中的两个层次，即语言学意义上的话语分析与社会学意义上的话语分析：前者指那种构成法庭证据、结束性辩论、律师—委托人面谈、当事人之间争论和调解过程之类的谈话，如日常话语、法庭话语等，与"语言"之义重叠；后者则受福柯影响，话语概念指发生于一个社会内部、围绕一个或一组问题进行的大范围讨论，是一整套由权力关系构成的规则和实践的话语，如关于惩罚的话语、关于性的话语。我们常常将更抽象的福柯意义上的话语称为宏观话语（macro‐discourse），以区别于语言学意义上的微观话语（micro‐discourse）（康利、欧巴尔，2007：8—9）。宏观话语不仅是谈论某事的方式，而且也是就该事进行思考和采取行动的方式。在上述区分的基础上，康利和欧巴尔将研究的重点指向了在法庭和法院办公室发生的日常法律话语，即微观话语。他们通过对律师—委托人的面谈、审理录音的转写资料、法庭诉状和答辩状、当事人的陈述等材料的分析，试图去发现法律权力是如何在日常的法律场域中运作的，这种权力的运作是基于什么样的语言机制。在当代社会生活中，法律字面上的公开歧视已经很少，法律权力的不平等性日渐隐蔽，只有通过语言分析才能发现这种法律权力的微观层面，"语言是法律权力得以实现、运用、复制以及间或受到挑战和被推翻的根本机制。概言之，语言就是法律权力"（康利、欧巴尔，2007：18）。

但是，康利和欧巴尔的研究似乎过分强调了语言的力量。他们专注于法律权力中的语言，以至忽视了将法律语言与导致不平等的其他因素联系起来，如政治、经济、文化的因素。而这些因素与语言及其使用相比较，可能是导致不平等、不公正等问题的更根本的原因。忽视或淡化影响法院法律运作的其他因素，过分沉溺于微观话语分析，是这类"法律语言学"研究的一个软肋。在有关中国的研究中，语言学意义上微观话语分析如廖美珍（2003）的研究，该研究以13场公开的法庭刑事、民事、行政诉讼案件的录音资料为基础，分析了法院庭审中各方互动主体间的问答结构，统计了法官、当事人、律师启动的"问答相邻对"数目，认为问答互动的推理是法律推理的重要组成部分，判决也正是基于这些问答之上的。这项研究向我们展示了语言在法律实践中的介入和深刻影响，但却忽视了影响法庭判决等行为的其他因素，如法官的职业背景、当事人的社会地位对比等。事实上，法院庭审中的问答仅仅是确认案件的基本事实，判决主要是在庭审后综合各方面因素做出的（朱涛，2010）。

可见，在语言学意义上的微观话语分析之外，社会学确有可能也应该在宏观的话语分析上做出贡献。例如，应用梅丽的三种话语分类框架，刘思达和麦宜生（Ethan Michelson）分别对《民主与法制》杂志和北京晚报的"法律顾问"栏目进行了话语分析，发现在"法律顾问"回答民众来信的书面文本中，不仅运用了法律话语，还运用了道德话语和治疗话语。在话语转换的过程中，民众对法律咨询意见带来的帮助感到日益疏离（刘思达，2007）。另外，加拉格尔（Mary E. Gallagher）[①]关于上海法律援助中原告法律意识的研究也是社会学意义上的话语分析。她认为，介入法律也许带给某人更多的权利意识，但也带来对法律作为有能力的权利保护者这一角色的怀疑；法律意识在中国的发展，不是从低到高，而是从幼稚到批判，从模糊的权利意识到具体的不满（Gallagher，2006）。可见，法院的法律运作对当事人的影响并不是简单的纠纷解决与否，更会影响到当事人思考和采取行动的方式，而当当事人以一种更成熟、更符合"法律化"的方式再次来到法院时，也将对法院往常惯性的法律运作提出挑战。

---

[①] 美国女学者加拉格尔，有些文献翻译为盖拉斐，其中文名为高敏。下同。

## 第二节　社会变迁中的纠纷与诉讼

随着"法治社会"建设①的不断推进，诉讼在纠纷解决中起到越来越明显的作用，国家鼓励民众利用法律的武器来维护权益，解决纠纷，以不断强化"依法治国"的理念和效能。许多国家的经验表明，随着经济社会的发展，诉讼数量会相应增加，尤其在社会转型时期，社会矛盾增加将使越来越多的争端涌向法院。不过，也有研究认为，随着发展趋于稳定，社会本身由失范转向规范，诉讼的增长将趋于平缓甚至有下降的趋势（朱景文，2008）。可见，从社会变迁的过程出发，将为我们理解诉讼数据的历史性变化提供一个新颖的视角。

### 一　诉讼数据变化的国际经验

在国际上，诉讼数据研究往往以法院档案资料为基础，分析经济社会环境的变化对法院诉讼数量的影响，其基本观点是试图在"经济社会发展情况"（X）和"法院诉讼率"（Y）两者之间建立相关关系或函数模型。具体来说，变量 X 可分解为 GDP、人均 GDP、人口数量、年龄结构、非农人口比例等次级变量；变量 Y 一般是指每十万人中诉讼案件的数量（诉讼率）②。

美国的"威斯康星学派"（历史社会法学派）最早开始诉讼数据的历史研究，其代表作是 1959 年出版的有关 Chippewa County 法院民事诉讼数据变化的整理资料。威拉德·赫斯特（Hurst）指出，诉讼与社会变迁的关系是"案件数据不仅反映了司法系统自身的历史，也反映法与该社会的普遍价值和变化过程的活生生关系"（Hurst，1959）。不过，诉讼数据研究虽然就此发端，但成果的显现却经历了一段沉寂期。一直到 1974 年，年轻的西班牙裔学者托瑞（Jose Juan Toharia）通过研究西班牙法院

---

① 2020 年 12 月，中共中央新印发了《法治社会建设实施纲要（2020—2025 年）》。

② 诉讼率（litigation rate）考察社会上有多少纠纷求助于法院或求助于诉讼，案件一旦受理，这种求助就已经完成。民事诉讼与刑事诉讼、行政诉讼在制度、价值理念上有较大差异，本书的讨论仅限于民事、经济案件的诉讼率。

1900—1970年的统计数据，发现法院民事诉讼率和经济发展并不同步，在经济持续发展时，诉讼率也可能出现停滞或者下降（Toharia，1974）。这一研究引起了学界的广泛兴趣，此后有关诉讼历史数据的研究成果不断涌现，代表性的如弗里德曼和佩思福（Friedman and Percival，1976）、麦克因特西（McIntosh，1980—1981）、来佩特（Lempert，1990）等人的研究。他们的一个重大发现是诉讼率在工业化社会中的下降，这和当时人们"诉讼爆炸"的直观印象是相反的。例如，弗里德曼和佩思福通过对美国加利福尼亚州两个地方基层法院1890—1970年民事诉讼数据的分析，发现随着经济社会的发展，城市化、工业化的完成，地方基层法院在纠纷解决中的行为方式发生了从"解决纠纷到例行处理"的转变。其理由是：一方面民事案件的类型上经济财产类案件（需要解决纠纷，证据和法律关系比较明确，多属于公共领域）的比例在不断减少，人身侵害和家庭类案件（大多只需例行处理，以调解或者盖章同意的形式结案，法律关系相对模糊，往往属于私人领域）的比例在不断上升；另一方面结案方式上判决率在不断地下降（Friedman and Percival，1976）。

## 二 社会变迁与诉讼数据的关联

除了上述具体的地方案例研究，在20世纪七八十年代的诉讼数据研究高潮中，众多学者还相继对该类历史性研究的方法、模型、意义等进行了讨论（Lempert，1978，1990；Munger，1990），归纳来看，这些研究归纳出四种社会变迁与诉讼数据的关联模型（Clark，1990）。

（一）随机型（见图2—1）。随机型假设变量X与Y之间不存在规律性联系，在坐标系中表现为散点图。这种假设比较简单化，体现了早期文献中尚缺乏对诉讼率与经济社会发展情况的系统研究，没有发现两者间的可能关联。后来，对意大利和西班牙地方性诉讼数据的研究发现X与Y之间大体存在同步变化关系（Toharia，1974），反证了随机型模型的应用很受局限。

（二）直线型（见图2—2）。直线型假设X与Y之间存在直线型关系（线性相关），即随着经济社会发展水平的提升，民事诉讼率呈现上升或下降的线性趋势。在实际的诉讼数据研究中，这种直线型关系在某些类型的案件上表现得非常明显，如机动车案件的上升和减少与经济社会发展的迅速和停滞大体相一致（Stookey, 1986）。另外，美国学者卡甘（Robert Kagan）还以债务案件为例，指出美国债权债务争端在18—19世纪一直在法院审理的各类案件中占第一位，在许多州差不多都在50%以上。但20世纪以来伴随着经济社会发展趋于稳定，这类案件的数量开始下降，特别是20世纪50—70年代下降的幅度更大，在许多州的上诉法院这类讨债案件不到7%（Kagan, 1984）。不过，直线型虽然较好地解释了某些案件类型的变化规律，但却无法解释不同时期总体诉讼率的波动。

（三）曲（折）线型（见图2—3）。曲（折）线型假设的突出特征是存在"拐点"。托瑞研究了西班牙1960—1967年这一时期的诉讼数据，发现在工业化和城市化的繁荣时期，诉讼率上升很快，但到了某个现代化"节点"之后，诉讼率开始下降（Toharia, 1974）。另外，美国学者肯沃斯（Lane Kenworthy）也指出，20世纪70年代初以来美国汽车工业由于激烈的竞争，不稳定性和不确定性促进了公司的短期行为，引发了诉讼数量的迅速增长，持续了十几年。但自20世纪80年代后期以来，汽车工业的大公司和它们的供应商、零售商之间的关系趋于稳定，避免诉讼和运用仲裁等非诉讼纠纷解决机制成为主要方式，诉讼数量明显下降（Kenworthy, 1996）。

（四）周期型（见图2—4）。周期型模型在坐标系中表现为有峰有谷的波浪形。该模型主张要细致考察不同时期地方性社会环境和社会结构的具体限制，避免模型的简单化。例如范登伯格（Van Den Berg）认为西班牙的诉讼数据中，1945—1967年稳定的增长是一种静态平衡，是对环境形势的适应调整；而20世纪70年代的持续下降，是动态平衡。这种周期性增长或下降模式不仅基于资本主义社会的经验，在苏联的法院数据中也得到了证实（Van Den Berg, 1985）。不过，诉讼率变化呈现周期型波动，但周期有长短之分。"长周期"指在现代化（工业化）的早期阶段，经济社会的发展伴随着诉讼率的上升，但现代化进程（工业化革命）完成以后，诉讼率的增长将变得平缓，甚至下降。具体在不同的历史时期，由于一些特殊事件的影响，如经济危机、战争等，可能导致诉讼率的变化出现较大幅度的起伏和波动，呈现一个个诉讼率上行下降结合的"短周期"。可见，周期型不仅注意到社会变迁的方向（如经济社会发展或倒退）对诉讼率的影响，而且还考虑到社会变迁的平稳性对诉讼率的影响。

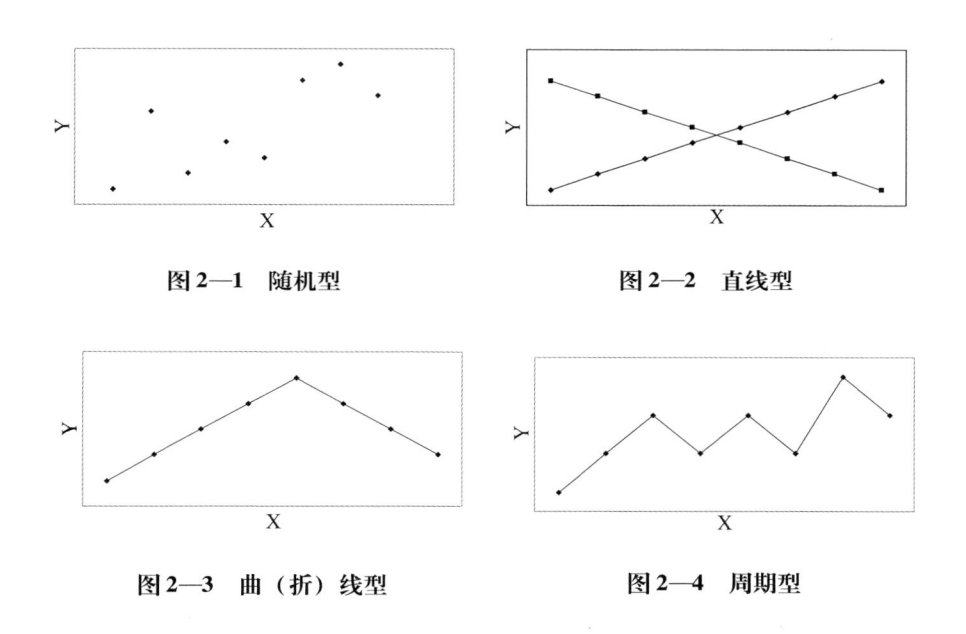

图 2—1　随机型

图 2—2　直线型

图 2—3　曲（折）线型

图 2—4　周期型

综合来看，在社会变迁和诉讼数据关系研究中，上述四类关联模型影响最为广泛。20 世纪 80 年代后期，这种模型化的研究范式逐渐从欧美扩展到拉美和日本，试图在社会变迁和诉讼数据之间纳入涉及更广泛区域的案例经验（Clark，1990；Engel，1990）。

### 三　诉讼数据变化的中国现实

当前中国社会正处于持续的社会变迁中，社会矛盾在各个层面显现，大量的纠纷涌向法院寻求解决。与此同时，随着各级法院诉讼数据整理的逐步规范化和公开化，诉讼数据的量化研究在国内也有所起步。国内的相关研究中普遍注意到，就全国性数据而言，在 1979—2006 年间，1996 年是法院诉讼量的关键"拐点"。也就是说，自 1997 年开始，法院一审案件的收案数量再没有以每几年就增加 100 万件的速度迅速增长，而是在500多万件的水平上徘徊，甚至有下降的趋势。1979—1996年，民事案件诉讼的年均增长率为16.9%，与GDP的相关系数为0.99；而1997—2006年，民事案件诉讼的年均增长率为-0.45%，与GDP的相关系数为-0.82（朱景文，2008）。这组反差极大的数据反映出中国经济社会发展水平的变化和诉讼数据之间存在着复杂的关系，若完全套用欧美国家的经验模型或理论来解释中国诉讼率的变化可能很成问题。事实上，2008年法院一审案件收案数已超过628万件[①]。欧美国家的经验模型，基本上均基于区域性数据，而不是基于地域辽阔的国家层面数据。在中国，就省一级区域范围的民事诉讼率而言，我国各省（自治区、直辖市）中，民事诉讼率最高值约为民事诉讼率最低值的7倍，如2008年高于全国民事诉讼率的有16个省（自治区、直辖市），低于全国民事诉讼率的有15个省（自治区、直辖市），这种明显的区域差异，对全国民事诉讼率产生了显著的对冲、拉平效应（韩波，2012）。

　　在一些地方法院，诉讼量近年来呈现下降趋势。对此，贺欣（2007）以经济类案件为例尝试加以解释：纠纷解决机制的变化不能提供有力的解释；而经济发展、社会转型、法院功能不良这三个方面都起了作用，但作用程度在各个时段和地区有所不同。在诉讼量变化和经济社会环境的关系上，该研究认为，中国的案例对西方相关理论提出了挑战。因为在西方国家，当案件开始下降时，城市化和工业化进程也大体完成了，经济环境变得规范，但在中国这些进程都还没有完成，经济案件就下降了（贺欣，2007）。上述研究数据主要源于广东、湖南的两个基层法院，尽管考虑了影响诉讼数据的多种可能因素，但是，由于中国各地发展的极大不平衡性，其解释的覆盖面还有待于更多的实证数据验证。此外，冉井富（2005）也注意到了现代化特征要素的发展对诉讼率的增长作用是显著的，表现为在中国社会，每一种导致失范的危机事件过去之后，诉讼率都会有所回落，但都没有回落到危机事件发生之前的水平，这说明诉讼率在此之前的增长不能全部归因于失范现象，而应当部分地归因于持续、稳步发展的现代化特征要素。与贺欣（2007）的观点不同，该

---

　　① 参见国家统计局统计数据，https：//data.stats.gov.cn/easyquery.htm?cn=C01。

研究认为我国的诉讼率变化很大程度在重复着美国的历程（冉井富，2005）。

对比而言，在应用欧美的社会变迁与诉讼数据的关联模型来观照中国社会时，至少有三点应当引起注意：一是"地域效应"。欧美国家的经验模型，基本上均基于区域性数据（或者国家面积较小），而中国地域辽阔，宏观的全国性诉讼率和经济社会发展水平数据，对中国各地发展的不平衡性存在对冲、拉平效应，因此欧美关联模型的比照是否可行，这个问题需谨慎对待。二是"案件类型"。在同一经济社会发展时期，不同案件类型的增减状况可能不同甚至是相反的。如20世纪70年代美国加州的债务案件在减少，而同期的经济合同案件在上升，这对整体的民事诉讼率也有"拉平"效应。因此，宏观诉讼率的变化往往掩盖了具体案件类型的分化，在此基础上建立起来的关联模型是否科学需要更为细致的讨论。三是"文化和制度效应"。经济发展是影响诉讼率的重要因素，但法律文化、法律制度等也对各个地区诉讼率的影响力巨大，如在印度，文化和制度先进的邦，诉讼率要远高于其他邦，存在极为夸张的区域差异（韩波，2012）。因此，笔者认为，不能简单地套用欧美国家的地方性经验模型或理论，也不能根据宏观数据就认为我国诉讼率的变化同样验证了西方学者有关诉讼率与经济社会发展之间的关系，因为一国的法律文化、法律规范数量、司法公信力、非诉讼纠纷解决机制等因素都有可能影响诉讼率。也就是说，经济发展与诉讼率高度相关，但这种相关不是GDP直接作用的结果（汤鸣、李浩，2006），而是经济发展引发的整体社会变迁发生作用的结果。

总体上，由于国内法院缺乏像欧美发达国家那样长期的历史档案数据，加之司法实证量化研究的薄弱，使得诉讼数据研究与欧美发达国家还存在较大差距。特别就研究本身而言，当前国内诉讼数据研究面临的最大困难并不是研究方法的滞后，而是数据资料规范性的缺失（朱涛，2014）。一方面，中国各级法院系统规范的司法数据统计从20世纪80年代初才开始，统计的口径（如案件类型归类）也发生了多次变化，已先后公布了多个版本的司法统计表格；另一方面，考虑到中国的司法环境，法院数据统计可能还存在"失真"问题。可见，法律问题从一开始就不仅是法律问题，而同时是政治问题、社会问题、历史问题与文化问题（梁治平，1998：2）。综合来看，社会变迁与诉讼数据关系的研究，侧重考察外在因素、外部变量对法院的影响。作为司法实证量化研究的突破口，诉讼数据研究目前在国内还刚刚起步。中国社会的复杂性既使得此类研究难以简单搬用国际经验，又导致短期内尚难以建立有效的解释模型。而要建立真正的符合中国实际的应用模型，恐怕还需要更多的诉讼数据资料积累以及更加细致地考虑中国社会的地区分割等因素。

第 三 章

# 纠纷转化:基于立案过程的研究

当纠纷诉至法院,原告来到法院时,面对的不仅是法院这一组织机构,而且还有法院处理纠纷的整个审判流程,或者说整个司法程序。如果我们将法院看作司法工厂,那么司法程序就是生产流水线,纠纷经由立案、庭审等一系列的生产车间"加工"后,案件的审理结果就是整个司法程序的最终产品。在基层法院,众多既有研究习惯性关注"纠纷及其解决",常常忽略纠纷本身的转化。本章基于对"立案"这一司法程序中纠纷转化环节的剖析,阐释生活世界的诸要素如何通过"纠纷格式化"进入法律世界。在纠纷转化为案件的过程中,系统化的法律逻辑与日常化的生活逻辑的交织互动持续发生,纠纷格式化的内涵包括对纠纷的定性、命名、形式化与文牍化等,并具体呈现为"内部过滤""外部包装"两大阶段,"过滤—包装"机制成为立案过程中纠纷转化的核心机制。这显示出主张程序正义的司法程序与约定俗成的惯例在互动中形成了一种互为制约、互为限度的紧张关系,同时也在一定程度上实现了法律世界与生活世界的沟通融合。

## 第一节 纠纷及其转化

纠纷是社会学研究的传统重要议题,也是法律与社会研究的有力切入点(朱涛,2015)。纠纷概念一经提出,"过程"意义就相伴而行,它支持更为动态的研究进路,关注的焦点从"纠纷本身(以及处理纠纷的技术）向纠纷作为嵌入社会关系中的社会过程转换"（Nader & Todd，1978：16；纳德尔、托德，2007）。在过程视角下，纠纷的产生和发展绝非一朝一夕形成，而是存在转化、升级的过程，如法律人类学经典的"纠纷三阶段"理论将纠纷分为"不满"（grievance）阶段、"冲突"（conflict）阶段、第三者介入的"纠纷"（dispute）阶段（纳德尔、托德，2007）。也有学者指出纠纷的形成是一个对纷争进行事实和性质上的"认定"（naming），对他人进行"归咎"（blaming），并最后为此而向自认的加害方"主张权利"（claiming）的过程（Felstiner et al.，1980—1981；程金华、吴晓刚，2010）。其中在第三者介入或"主张权利"阶段，若干纠纷将求助于司法。上述"过程论"意识到纠纷有不同的转化阶段①，但并没有进一步关注求助于司法的纠纷之后的状态。

与"过程论"不同，纠纷"意义论"则认为仅有对纠纷过程的描述，而忽视纠纷意义系统的研究是不够的，它不足以理解冲突双方互动中所存在的复杂的意义解释过程。"（过程论）假定纠纷是沿着单一的方向变化的，它没有看到不同的当事人都会对纠纷进行重新解释，而且不同的当事人对纠纷做出的不同解释可以同时存在，它也没有指出这些不同的解释之间是怎样相互竞争的；并不是纠纷自身发生了转换，而是不同当事人在不同背景下用不同的方式对事件的意义进行了解释，这些解释中的每一种都会对冲突的最终解决方式产生影响"（梅丽，2007：123—125）。具体来说，纠纷被当事人提交到法院，同一纠纷可以被解释为问题，也可以被解释为案件，争论的焦点是对纠纷事实的意义解释，问题解释与案件解释这两者间的竞争将决定纠纷的性质与状态（梅丽，2007；朱涛，2010）。"过程论"与"意义论"虽然对纠纷转化持不同的观点，但其内在逻辑却一致，即承认纠纷有不同的状态，提交到法院的纠纷往往被视为案件。但两者又共同忽略了一个问题：那些被提交到法院的纠纷是否自然地就成了案件？

事实上，纠纷转化为案件并不是一个简单的过程。"筛子"理论认

---

① 需要注意的是，这些阶段并不单纯分立，也不必然依顺序进行，如不满可直接升级到纠纷阶段，而纠纷也可降至一定的层级（纳德尔、托德，2007）。

为，由于有各种社会机制的存在，在纠纷形成和转化的每一个阶段，都有大量的冲突事件被过滤掉，只有一小部分保留下来。这一小部分在下一阶段的转化中继续被过滤，直至纠纷最终终结为止（Galanter，1983）。也就是说，那些幸存下来被提交到法院，求助于司法的纠纷并不是都能成为正式案件，通过立案，一部分纠纷因为不合格被淘汰，一部分则顺利通过（冉井富，2005）。同时，进入法院的纠纷经历司法程序的层层"打磨"，其本身原有的特质将被过滤或稀释，有研究将这一过程概括为法律"甩干"机制，即司法过程就像一台高速运转的甩干机，根据法律条文与司法程序将"无关"的事项（如道德、习惯、经验）当作多余的"水分"甩掉，使纠纷披上法律外衣（郭星华，2013；刘正强，2014）。

那么在纠纷转化的研究中，"甩干"机制是否足够解释立案过程中的纠纷转化？在基层法院的司法实践中，纠纷转化为案件的一般模式与过程是什么？普通民众如何通过立案过程与司法程序互动沟通？

## 一 作为纠纷转化关键的立案

针对纠纷转化，纠纷"过程论"将其区分为"不满""冲突""纠纷"等阶段，纠纷"意义论"则区分为"问题"或"案件"。仔细看来，这两派理论暗含一致的假定，即纠纷无论处于哪种状态，都有相应的纠纷解决方式。① 如在"过程论"视角下，"不满"阶段的纠纷解决方式有"忍受""回避"与"提出谴责"；"冲突"阶段存在"交涉"与"压服"；在第三方介入的"纠纷"阶段存在调解、仲裁与判决等（纳德尔、托德，2007）。而在"意义论"视角下，作为"问题"的纠纷通常被认为可通过社区、社会团体等解决；而作为"案件"的纠纷则会上法院（梅丽，2007）。

事实上，既有纠纷转化研究往往与纠纷解决紧密关联，或者说被置于纠纷解决的视野之中（Sandefur，2008；程金华、吴晓刚，2010；肖阳

---

① 狭义的"纠纷解决"仅指纠纷得到了平息，侧重结果。而广义的"纠纷解决"也包含了处理、对待纠纷的方式，或者说是一种纠纷管理（Merry，1979；朱涛，2011）。显然，本书的"纠纷解决"是广义的。

等，2014）。例如西方经典的"纠纷金字塔"（dispute pyramid）理论模型有三个重要的基本假设：一是不同层次①的多种纠纷解决方式同时存在；二是大部分纠纷都会在较低层次得到解决，只有少数会上升到司法程序中，即金字塔顶；三是纠纷金字塔的结构取决于各个层次纠纷解决情况，上升到司法程序的纠纷越多，则纠纷金字塔顶越宽，说明较低层次的纠纷解决方式较少为人们所选择（Felstiner et al.，1980—1981；储卉娟，2010）。具体到中国社会的经验研究，麦宜生修正了"纠纷金字塔"模型，提出"纠纷宝塔"（dispute pagoda），认为宝塔各个层次之间的关系是相对封闭的，各个层次的纠纷及纠纷解决比例的增长或下降，并不一定会导致其他层次，尤其是塔顶结构的变化（Michelson，2007）。"金字塔"与"宝塔"（以下简称"双塔"）模型的论证逻辑是一致的，纠纷转化与纠纷解决在模型中都呈现为两个相互独立却又紧密关联的维度。纠纷转化（从不满到司法案件）与纠纷解决方式选择（从忍耐到求助司法）紧密关联，纠纷的转化升级也意味着解决方式更制度化与升级（程金华、吴晓刚，2010），但两者又指涉不同的内容，并不是同一个范畴。

"双塔"模型对于理解纠纷解决机制有非常重要的研究推进，但由于将纠纷、纠纷解决机制以及纠纷解决过程纳入同一个分析模型，某种程度上造成了模型的超稳定性，即认为，所有的纠纷必然都会得到解决，区别只是落在模型的哪一个位置，但现实中总有一些纠纷并没有得到解决，被遗落在既有模型之外（储卉娟，2010；郭星华，2013）。这些纠纷在不同层次解决方式间来回反复"震荡"却得不到消解，最后下漏成为暴力犯罪（郭星华、曲麒翰，2011）。纠纷震荡及其漏斗效应进一步提醒我们，尽管纠纷转化与纠纷解决这两者之间有很强的关联性、亲和性，但纠纷解决视野不足以完整呈现纠纷转化，纠纷与纠纷解决并非一一对应。

可见，在既有研究中，对"纠纷—纠纷解决"两者间关联的预设性太强，导致在研究纠纷过程时，大量研究不知不觉走入纠纷解决的过程，忽略纠纷本身的转化，其背后蕴含着纠纷解决之社会本位的立场（郭星

---

① 该理论中"层次"所指没有位阶高下之分，指模型中位置的不同。

华，2013）。事实上，纠纷解决的研究重点不在纠纷本身，而更多关注各种社会规则（包括法律）之间的互动与关系问题（储卉娟，2010；郭星华，2013）。纠纷解决研究包含解决机制、解决对象、解决机构等方面，是对纠纷的应对（肖阳等，2014），而纠纷转化研究的重点在于纠纷本身状态、性质的变化，即纠纷的产生、发展、消弭等。①

在纠纷转化过程中，并不是所有初级层次的纠纷（如不满）都会求助于司法，进而上升到案件层面。"双塔"模型及其相关研究均发现，现实生活中只有少数纠纷最后会进入司法程序，大部分的纠纷通过社会和政治手段得到解决（Michelson，2007，2008a；刘思达，2010）或下漏为暴力犯罪（郭星华、曲麒翰，2011）。但是，那些被带到法院的纠纷并不会自然地转化为案件。纠纷要转化为案件，立案过程是关键。倘若"跳跃"这一过程，纠纷的转化将出现"空白"或"断裂"。另外，从纠纷解决来看，纠纷的转化升级也意味着解决方式更制度化与升级，司法诉讼在纠纷解决中的效果一直广受争议（张泰苏，2009），但就立案而言，立案前置于调解、仲裁、判决这些具体的纠纷解决方式，是司法解决纠纷的前提。由此，立案过程研究的重要性得到双重凸显，它既是纠纷转化为案件的关键环节，也是司法解决纠纷的前置程序。

## 二 立案的研究进路

长期以来，有关立案的研究大体形成了两种研究进路。一方面，是占据法学界主流的规范性研究进路，针对立案程序的功能与结构、立案标准"高阶化"、司法政策调整引发的"合法性限制"等进行法理分析（张卫平，2009），认为我国立案程序堪称古怪，但生命力异常顽强，乃至于中国立案程序的独立性这一既成事实使比较研究不足以解释或解决中国民事立案程序的独特问题（傅郁林，2011）。这类研究更多关注程序规范适用和立法建议（段文波，2012），对立案过程的实践逻辑关注有限，细致详细的实证分析不足。另一方面，以法社会学为代表的实证性

---

① 纠纷转化也与纠纷类型变化不同，纠纷类型可划分为民事、行政、刑事等，或划分为土地纠纷、继承纠纷等。纠纷类型对纠纷解决选择也有重要影响（程金华，2009）。

研究进路，则关注纠纷转化为案件的条件和实践逻辑，从不同侧面触及立案的复杂性：一是宏观上中国社会大部分的基层纠纷都通过社会和政治手段解决，只有少量纠纷进入了司法体系（Michelson，2007，2008a；刘思达，2010），但这并不能证明司法解纠不重要，反而引出了立案机制是否合理的问题。二是从法院组织的角度来看，立案机制和法院自身的运作状况息息相关，如"立案政治学"指出法院在审查许多案件时[1]，不仅要审查立案形式要件，还要考虑案件与当地的安定团结局势与党政中心工作的关系，因此，立案问题从法律问题变成政治问题和社会问题（应星、徐胤，2009）。三是纠纷当事人特质（如观念）也会影响立案机制的运转，特别是原告的法律意识，往往随着接触司法程度的深入而改变（Gallagher，2006）。有研究认为，当事人在经历了司法解纠后，对中国基层司法的公正普遍缺乏信心（Michelson & Read，2011），也有相反的研究认为当事人总体上对其司法解纠的经历感到满意，甚至会鼓励其他没有经历的人运用司法的手段（Landry，2008）。值得注意的是，立案的复杂性不仅仅体现在受上述各类外部性因素影响，立案过程本身的实践逻辑也十分多元。如立案过程中涉及话语的转换和构建，纠纷作为问题解释还是案件解释将预示不同的处理方式（梅丽，2007），法官和当事人的话语表现展示出微观语言实践与宏观社会过程之间的联系（He & Ng，2013）。同时，当事人学习司法语言、准备法律要求的文书和证据、忍受立案答复等也是立案过程中对纠纷转化的规制（苏力，2000；He et al.，2013）。

综上研究表明，纠纷一旦被提交到法院，立案成为纠纷转化的关键，而能否立案又充满着诸多变数。立案是民众日常生活的"生活世界"[2] 与法律系统产生关联的"入口处"，呈现着普通民众与法律人的微观互动过程（刘思达，2007），任何一个社会事件进入国家法系统之前，必须经过立案这一步骤，"立案界限以内是国家法接管的世界，在此之外则是社会或国家行政权力的范畴"（储卉娟，2012），针对立案过程的研究无疑将

---

[1] 该研究以行政纠纷为例关注立案机制。另外有关行政纠纷的解决研究，可参见程金华（2009）、张泰苏（2009）等。

[2] 此处生活世界与系统两分的概念借用自哈贝马斯的社会理论，并将发生在家庭、社区等按照传统伦理规范和习俗所确定的交往实践称作生活世界中的日常交往实践（哈贝马斯，2003）。

深化我们对纠纷转化复杂性的理解。

## 第二节 纠纷到案件的转化

一般而言，法院的司法程序分为立案①、庭审、庭审后三个主要环节。立案是纠纷转化为案件的必经阶段，决定着哪些纠纷将进入法院审理范围，是司法程序中案件处理的第一道关口。在 A 县人民法院的整个审判流程中，立案庭的工作职责为"负责从信访、立案至排期等审前的流程管理"。② 审前的核心任务是立案，即将民众提交的纠纷以案件的形式纳入诉讼的司法程序之中，并以立案庭工作为滤网，将不法之诉挡在法院大门之外。那么，在纠纷转化为案件的过程中，立案庭具体如何操作呢？

### 一 纠纷的定性——界定可审判性

在基层法院，初次来法院的民众往往对立案程序感到陌生，甚至完全不知立案的要件所在。他们虽抱有将纠纷提交到法院要求解决的想法，却在立案大厅常表现得有些手足无措。很多原告一开始很少会去找律师，或者说还少有找律师的意识，因此，在立案大厅原告会很自然地将立案法官当作咨询对象。

> A 法官：老百姓是直接找到法院的。啊，这个东西怎么弄弄，都来问我们法院。然后有些老百姓直接跑过来就问："啊呀，我这个案子能不能打赢？我能不能要到钱？""我们打赢的概率是多少？"如果要离婚的案子，什么什么的说一大堆，问我们能不能离掉的？

---

① 本书研究的"立案"是广义上的，即涵盖了民事一审普通程序上的起诉与受理、审理前的准备（傅郁林，2011）。这与当前立案庭的工作职责范畴、司法实践中的立案程序范畴相一致。

② 《A 县人民法院审判流程管理规程》第三条。本书关注民事案件，有研究指出在行政案件的立案中，存在形式上由立案庭负责，实际上由行政庭负责立案的"立审分离的形式主义"（应星、徐胤，2009）。

问①：那您有耐心听他们讲完吗？

A 法官：那不是的，我有时候要说的。有时候么，听听。说得不多，我就听。然后我们就说，这些问题我们吃不消回答的。这些问题是法官审理过程中，法官会给说法的。……再说呢，这只是原告单方面的说法。这种话，比如"啊，你能打赢的"不好随便乱说的。……他们（当事人）到时候会说，"哎呀，某个法官是这么说的"……他们老百姓就是这样的。那我有的时候就说，"啊，这种问题你去问律师好了。找律师问吧……你不要再问了"。

A 法官的话表明在基层法院，由于当事人法律知识的缺乏和传统观念的影响，他们往往采取自诉方式，立案法官常成为最直接的咨询对象。由此立案大厅的法官不仅要负责立案，而且要承担起法律咨询的工作；同时也要进行立案过滤，将不能受理的纠纷排除在外。根据我国《民事诉讼法》（2012）②第一百一十九条的规定，起诉必须符合下列条件：

（1）原告是与本案有直接利害关系的公民、法人和其他组织；

（2）有明确的被告；

（3）有具体的诉讼请求和事实、理由；

（4）属于人民法院受理民事诉讼的范围和受诉人民法院管辖。

其中第（1）项是原告适格，第（2）项是被告明确，第（4）项则是法院司法权。上述起诉条件的审查，往往以非公开的方式进行，且与一时一地司法政策的变动息息相关（张卫平，2009），而只有满足上述条件的纠纷，才能立案受理。但对来 A 县人民法院的很多原告来说，其更关注"是否能赢"的结果，少有考虑纠纷是否符合法院立案的条件。正如加拉格尔所言，原告在接触司法过程时，尽管他们对司法程序和他们实际的"法律化"权利仅有模糊和不确定的知识，但却带着司法保护他

---

① 引用对话中的"问"，是指笔者在访谈中的提问，以下同。

② 本书研究涉及的立法、司法文件，为行文简洁做如下处理：例 2012 年第二次修订通过《中华人民共和国民事诉讼法》，简称《民事诉讼法》（2012）；最高人民法院关于适用《中华人民共和国民事诉讼法》的解释，简称《民诉》解释（2015）。

们权利的可能性的高度期待。在运用法律的过程中，原告的法律意识在两个分离的维度上改变：对法律效力/能力的感觉，对司法体系的观念/评价（Gallagher，2006）。立案法官在向当事人解释，根据法律规定，尤其是因司法政策调整导致纠纷是否可以立案时，实际上传达着法律效力的范围和司法体系的观念。

我国法院长期普遍实行"审查立案"，而非"登记立案"制度。①法院对诉至法院的纠纷进行审查时，法院（具体是立案法官）有机会通过法律运作将一部分纠纷纳入"案件"受理程序，送上司法审理的流水线，而有些纠纷在立案环节就被过滤。经过筛选的纠纷，才能真正进入法律程序之中（郭星华，2013）。上述"审查"或"筛选"，包含对纠纷进行法律条件的审查，如是否属于法院受案范围，超出法院职责之外的起诉将不予受理；又如管辖问题，"对本院没有管辖权的案件，告知原告向有管辖权的人民法院起诉；原告坚持起诉的，裁定不予受理"。②法律条件的审查往往有据可循，而基层法院对某些纠纷的政治条件审查却是隐秘的，往往与纠纷的敏感性、地方的"土政策"等有密切关系。如 A 县人民法院明确规定下列纠纷在决定立案前，必须由分管院长审批：

（1）事关社会政治稳定的热点、敏感案件和集团诉讼案件；

（2）党委、人大和上级法院要求专案报告的案件；

（3）涉及乡镇（街道）以上政府和市级部门的案件；

（4）其他需要报告的案件。③

上述涉及政治和社会稳定的纠纷类型，不由立案庭决定立案，而必须由政治意识、大局意识更强的院领导来负责审查，把好第一道关口。

---

① 2015 年 2 月 26 日发布的《最高人民法院关于全面深化人民法院改革的意见——人民法院第四个五年改革纲要（2014—2018）》专门提出"变立案审查制为立案登记制，对人民法院依法应该受理的案件，做到有案必立、有诉必理，保障当事人诉权"的目标。立案这一司法重要议题再次引起全社会广泛的关注。2015 年 4 月 1 日，中央全面深化改革领导小组第十一次会议审议通过了《关于人民法院推行立案登记制改革的意见》，最高人民法院 4 月 15 日印发了该意见，意见自 5 月 1 日起施行。

② 《民诉》解释（2015）第二百一十条。

③ 《A 县人民法院审判流程管理规程》第十九条。

有研究指出，某种程度上当前的法院实际上还是一个配合各级政府处理纠纷的行政化的机关（张卫平，2009）。纠纷是否具有可审判性并进入审理程序，不仅要看是否符合法律规定，而且要看是否符合地方政治与社会稳定要求，即"政法逻辑"（丁卫，2014：305）。在基层司法实践中，司法过程（包括立案）是一个复杂的组织和政治过程，具有各种不同权力的多重主体（院长、副院长、庭长、地方官员）都有可能对这一过程施加影响。法律程序往往被行政级别系统所包容，本地的政治合法性在很大程度上塑造了法律程序在司法过程中的运作（刘思达，2005）。这也体现了司法实践中特定的权力关系与司法运作的内在逻辑之间的竞争（布迪厄，1999），并在立案过程中体现为"过滤"各种可能难以裁判与执行或与同级政府有利害关系的纠纷，即权力限制了纠纷的"资格"——能否立案；而司法约束的是"领域"，即纠纷的类型、案由等。

## 二 纠纷的法律命名——案由

那些通过立案法官审查，经历分管院长审批，有幸被批准同意立案的纠纷，仍然还不是案件。要成为案件还面临如何对纠纷进行法律意义的命名，即案由。案由反映案件所涉及的民事法律关系的性质，是对诉讼争议所包含的法律关系进行的概括（曹建明，2008）。① 原告的诉讼请求被立案庭接受后，必须经过一定的法律技术处理，才能进一步在法律的规则和概念体系中找到某个对应的名称——"案由"。案由的主词称谓多种多样，民事案件较常见的有离婚、买卖合同、借款、劳动争议、财产权属等。

命名案由，首先是立何种案由的问题。案由一旦确定，关系到如何概念化"事实"以及"事实"的来源，且意味着将纠纷纳入不同类型的司法统计口径。梅丽认为谁（对案由）的解释占据优势地位，谁就能决定（纠纷）处理方式。她对美国基层法院的研究发现，确定案由

---

① 参见最高人民法院关于印发修改后的《民事案件案由规定》的通知（2011年），简称《案由规定》（2011）。

的张力主要发生在当事人与法院之间。法院争取把纠纷命名为一个道德问题或治疗问题而采用非法律方式处理，原告则争取把纠纷命名为一个法律案件而要求以法律方式处理（梅丽，2007）。纠纷作为案件解释，还是作为问题解释预示着两种不同的处理方式。一种案由代表一种对应的法律关系，案由的选择将影响适用法律依据的选择，乃至影响案件审理的性质，如采取法庭调解还是判决。尽管我国在法律程序上尊重原告的案由决定权，但实际操作中，由于原告在立案时往往不清楚案由对日后程序操作的重要意义，因此基层法院由立案法官代立案由的情况很常见。

  B法官：案由其实本来不应该是我们定，按照道理应该是当事人本人定。因为一个案子，他可以从这个方向打官司，也可以从那个方向打官司，那我们要尊重当事人……但有些案由明明是知道的，他没有写，比如借贷，那我们就替他写了。这个不需要探讨的，是吧？但是有些问题你就需要考虑一下了，从哪个角度会比较好一点。……比如坐客车受伤了，那我是从交通事故打官司好呢？还是从客运合同的角度？就是说，选择应该是由本人做出的，而不是由我们做出的。

  问：那事实上呢？都是法官在做出？

  B法官：那不是。我们会问的呀。问你想从哪个角度打官司？律师是知道的，但是当事人往往不清楚。那你得要问他（当事人）。问他以后，他说他不知道。那我就要跟他做解释了，我说这个角度呢是怎么样，那个角度呢又是怎么样。但是这个案由呢，好像又是不一样的！

由此可见，同样的冲突、事件、人物、行为等，可以用完全不同的方式给予命名与解释（朱涛，2010）。命名来自司法领域，而不是社会关系领域，每种命名都预示着一种解决方式，原告曾经的司法经历以及是否得到指导对案由的确定有很大的影响（梅丽，2007）。法律要求当事人向法院提起诉讼时，结合自己的诉讼请求，应选择一个恰当的案由。但何时由当事人选择决定案由，何时由法院释明，在《案由规定》（2011）中并不明确。实践中，基层法院的案由解释常常因当事人对法律知识的缺乏而变为由法官主导，通过法官的步步释明与引导，司法程序才能继续推进。换言之，法官因其具备专业知识获得了"案由解释权"，而当事人的"案由决定权"这一法律权利则因其缺乏法律知识常常无法实现。可见案由确定的过程，不是单纯依赖法律规定，而是由现实法律场域中法官与当事人间的互动实践所决定。

其次，案由的确定涉及处理一些可立案也可不立案的纠纷①，有助于法官把握当事人争讼的焦点。《案由规定》（2011）认为原告起诉时选择合适的案由是其义务和责任，法院也应尊重当事人的选择而不应该代其选择。如原告选择的案由确实错误，经释明后其仍坚持不改就应该裁定驳回。但实际上，原告以其确定的案由到法院起诉，却不承担案由确定不当的法律后果，这体现在法院常常通过释明来纠正原告的不当案由，以避免日后审理中的法律关系混乱。上述案由确定的现状实际与案由所用的语言息息相关，因为"法律是语言的法律，……道德和习俗也许是包含在人类的行动中的，但法律却是通过语言而产生的"（Tiersma, 2000；郭星华，2013：232）。如根据上级法院规定，A县人民法院对"口粮款"这类案件应不予立案。但实际上在"土地安置"②的案由下，"口粮款"的诉讼请求也能变相立案。在这里，所谓的纠纷"案由"是一种"法律案由"，是可以通过语言解释得以建构的事实。语言作为法律借以完成其多数工作的工具，亦成为法律权力得以实现和运用的重要机制（康利、欧巴尔，2007）。

复次，案由的确定虽是完成立案程序的一小步，但其影响却会在日后的庭审之中再次显现，因为案由影响到相应的审判策略调整及法律适

---

① 司法实践中，各地基层法院曾出现因无适用案由对纠纷不予立案的情况。为此，《案由规定》（2011）专门指出，不得将修改后的《民事案件案由规定》等同于《民事诉讼法》第一百一十九条规定的受理条件，不得以当事人的诉请在修改后的《民事案件案由规定》中没有相应案由可以适用为由，裁定不予受理或者驳回起诉，影响当事人行使诉权。

② "土地安置"泛指由土地安置补助费引起的纠纷。土地安置补助费指土地被征用后，为了安置以土地为主要生产资料并取得生活来源的农业人口的生活，国家所给予的补助费用。

用问题,"牵一发而动全身"(丁卫,2014:187)。

> 案由对判案的影响是有的。一开始,立案庭的案由未必是正确的,庭审之后,说实话啊,案由实际上是确定诉讼标的问题,一个案由,就是一个诉讼标的。……立案庭确定案由,那自然而然地,是要确定诉讼的某种法律关系。……但是在审理中发现,可能他们立案庭在定的时候是代理关系,而庭审时发现是借贷关系。这样的话呢,不同的关系,适用法律是不一样的。那你得改变案由啊,对不对?那你就要行使释明权。(D法官语)

按诉讼程序,案由一旦有错,对整个案件的定性、案件审理的适用法律依据就存在问题,严格来说整个案件审理进程得进行重大变动以弥补立案的瑕疵,但在实际程序操作中并不是这样,E法官就坦言:"审判过程中是可以调整案由的。这恰恰体现了对实体正义的强调,而不是诉讼法所提倡的对程序正义的侧重。"

案由的调整是法院试图管理、操纵、掌控纠纷的方式之一。《案由规定》(2011)指出,当事人起诉的法律关系与实际诉争的法律关系不一致的,人民法院结案时应当根据法庭查明的当事人之间实际存在的法律关系的性质,相应变更案件的案由。在法院程序的任何一个阶段,对所发生的纠纷应该解释为案件还是问题都存在争议(梅丽,2007)。法院实施的策略(立案与否、调解与否、标的确定等)取决于将纠纷命名为何种案由。案由体现了纠纷在司法上属于何种法律关系,应当归入何种类别,及相应可能的司法应对策略。可见,纠纷的法律命名,绝不是简单地贴上法律标签,而是反映了在纠纷转化过程中,通过案由的链接,抽象的法律规范与复杂的现实生活世界得以勾连。

最后,当纠纷属于法院的主管范围,通过审查且可以被法律所命名时,纠纷在立案环节完成了"内部过滤"阶段。通过原告与立案法官之间的接触,纠纷作为案件已被赋予了一种新的意义(梅丽,2007)。在这个阶段,倘若将民众提交的纠纷比喻为原酒,那么经过过滤(含勾调),原酒已转化为成品酒,不仅道德、习惯等诸多非法律因素得以"甩干"

(刘正强，2014），而且其本身已发生了微妙的司法酿造转变。形象来说，"内部过滤"不仅有侧重物理意义上的"甩干"（除去非法律杂质），也有"物理—化学"意义上的勾调，即从原酒到成品酒的转化，需在勾调师的操作下，既要有除去杂质、温度控制、时间沉淀等过程，也要以高超的技艺加入酒精、水、辅助品等进行合成。这种工艺技法，只有经过专业训练与切身实践，方能熟练掌握分寸。与之类比，前述纠纷的定性、纠纷的法律命名过程是发生了司法过滤与勾调，包括一部分纠纷被挡在法院之外，纠纷被加诸政治、政策、社会因素予以考量，纠纷事实被法律关系所"概念化"，纠纷被法律语言所建构，以及纠纷性质被案由调整重新解释等。立案法官某种程度上扮演了司法勾调师的角色。可见，通过纠纷的定性、纠纷的法律命名，纠纷原态（原酒）到"内部过滤"后的纠纷（成品酒），已经完成了"纠纷—案件"的性质转化。但至此纠纷仍不足以成功立案，紧接着还需"外部包装"。立案庭的"内部过滤"体现在对不合要求的纠纷不予立案，排除在司法诉讼程序之外；而对准予立案的纠纷，则需用案由进行法律意义的命名。但"内部过滤"后的纠纷仅仅是迈过了立案的一个阶段，还需经历立案庭的"外部包装"，纠纷才能有模有样地进入庭审程序。

### 三 纠纷的形式化——材料

要满足立案的形式化条件，原告至少需提供三份材料：起诉状、证据材料、身份材料。

（一）起诉状

《民事诉讼法》要求起诉应当向人民法院递交起诉状。立案法官首先关心如何将原告们千差万别的原始起诉状"统一"为司法格式要求的样式。模板化起诉状一般包含如下要素：（1）原告（姓名、性别、年龄、民族、籍贯、职业、住址）；（2）被告（姓名、性别、年龄、民族、籍贯、职业、住址）；（3）诉讼请求；（4）事实和理由；（5）具状人落款。如下表3—1是2012（6××）号民事案件的起诉状：

表 3—1　　　　　　　　A 县人民法院起诉状

> 起诉状
>
> 原告：×××，女，××××年××月××日出生，汉族，农民。
> 住址：×××××。
> 被告：××县××村村民委员会。地址：×××××。法人代表：×××。
> 诉讼请求：1. 判令被告支付原告土地安置补助费人民币10000元；
> 　　　　　2. 本案诉讼费用由被告承担。
> 事实和理由：
> 　2012年1月，被告按照全体村民代表大会表决通过的《土地安置补助费分配方案》向村民发放土地安置补助费，每人10000元。但以原告已出嫁为由不予发放。
> 　原告认为，原告作为被告村民，与其他村民享有同等待遇，依法应当享有土地安置补助费，故向贵院提起诉讼。希依法裁判。
>
> 此致
> ××县人民法院
> 　　　　　　　　　　　　　　　　　　　　具状人：×××
> 　　　　　　　　　　　　　　　　　　　　日期：×年×月×日

上述起诉状按《民事诉讼法》规定具体制作，展示的不是原告漫无边际、细节的、情感的说辞，而是冰冷规范的法律化语言。起诉状要求格式简明，不需列入事实的详细描述，只需说明时间、地点、纠纷事由即可。裁决请求的提出也是笼统"依法"，而不是依具体的什么法条。具体事实、法条等都不是起诉状写作的关键，最关键的是格式是否可行，如 A 法官所说："立案的时候关注形式上的要求，实体是审理过程的事儿……立案的说明不用太复杂，因为庭审的时候，法官会让他们再陈述……状纸会要求最基本的内容，'事实基本情况'"。

成形后的起诉状展示了案件的结构，反映诉讼请求。但案件的结构有时会与原告的经历、纠纷的社会事实存在一定的差距。纠纷往往有一个逐渐累积和发展的过程，但这一过程并不会反映在案件结构之中（梅丽，2007）。更何况大多数原告实际上都无法一次性就达到起诉状形式上的要求，于是请人

（包括律师）代写、在立案法官指导下写，成为最常见的两种方式。在基层法院，有民众甚至直接请求法官帮忙代写，而不仅仅是指导。

> C 法官：指导写起诉状和代原告写是两码事儿。
> 问：你没有帮原告写过吗？
> C 法官：写的话怎么说呢。有些认识的亲戚啊，也写的。……但我一般不代写。有的时候，他们会说，你这个人怎么这样的啊。中国人说叫你这样弄一下都不行啊，怎么这样（做人）的。事实上，我的思维里面，就是觉得法官不应该做这些的。就因为你（认识的人）是原告是不是？那被告怎么办？……我是这么理解的。

这里，程序正义的法律逻辑与乡土社会道义的生活逻辑产生了冲突：对立案法官来说，在程序操作上保持中立是恪守法律公正性的应有之义，但以"举手之劳"助人，特别是帮助与自己有血缘、地缘、业缘或朋友关系的人（在基层法院，很多原告很可能与立案法官有这类关系），则是中国人应有的"伦理义务"。迫于道德与人情的压力，情感因素难免渗入立案过程。

### （二）证据材料

根据立案规定，原告立案时还需提供一定的证据材料①，但基层法院面临的突出问题是：很多民众来打官司时抱着朴素的"讨个说法""主持公道"的想法，并不具有现代法律要求的证据意识，也常常没有准备相应证据。因此当立案法官要求原告提交证据材料时，原告的答复常变得五花八门。H 法官举例说："证据，我没有证据。这事就这样。""证据，你去我村里问问就行，我说的就是证据啊。"

证据在其他村民的口碑上，这听上去有些荒谬，事实上却反映了很多法律要求的证据对普通民众的不现实性。类似上面的回答往往令立案法官很为难，依《民事诉讼法》（2012）第六十三条规定，证据包括当事

---

① 依《民事诉讼法》（2012）第六十四、第六十五条规定，当事人对自己提出的主张，有责任提供证据，且应当及时提供证据。第一百二十一条规定，起诉状应记明证据和证据来源。当然，证据的提供绝不仅局限于立案时。

人的陈述，但证据必须查证属实，才能作为认定事实的依据①，法官无法将民众的这种口语答复转化为法律要求的证据，正如苏力所说"证据的证据力确实是在也只有在一个地方性的意义之网中才能获得"（苏力，2000：18）。立案法官一般只能让原告回去收集证据方能立案②，但即使是特意搜集的证据，普通民众能提供的也往往非常简单。如土地安置类案件，很多原告能提供的只是一本土地承包权证。

这里，法律规定的证据规则与民众日常性的行为方式产生了冲突，司法程序的要求面临着证据缺失的现实尴尬。普通民众并没有多少意识去保留证据，证据是法律世界的通行证，却不是生活世界所必需。法律世界中的事实必须建立在证据之上，通过证据链，事实才能以抽象化的法律符号、概念、命题重新组织起来，法官才能做出裁决。在立案这一"入口处"，司法要求非专业人员将其日常问题转化为专门的、从生活世界经验情境中抽象出来的法律构造（哈贝马斯，2003）。

（三）身份材料

除原告自己的身份材料外，立案程序还要求提供被告的身份材料③，这又是原告面临的问题。大部分情况下只需提供姓名、住址等基本情况即可，但有时需要被告更详细的信息，原告就无能为力了。F法官说："拿不到对方的户籍卡，我们法院主动与公安局联系。法院感觉有点像服务机构，我担心不中立。这个也是我一直在考虑的问题，这样做是不是可行，算不算违背法律中立的精神。但是你说要老百姓自己去弄（户籍卡），根本就取不到的。"

的确，从中立公正的角度来说，作为法官不应对诉讼当事人双方有任何偏颇，这才符合程序正义之平等对待的基本要义。但在实际司法实

---

① 《民诉》解释（2015）第九十条指出，当事人对自己提出的诉讼请求所依据的事实，应当提供证据加以证明。

② 法官应引导当事人举证，进行必要的调查、走访等，尽可能多地发现案件真实。但考虑到现实情况，《民诉》解释（2015）第九十六条指出，除规定外，人民法院调查收集证据，应当依照当事人的申请进行。

③ 《民事诉讼法》（2012）第一百二十一条规定，起诉状应记明被告的姓名、性别、工作单位、住所等信息，法人或者其他组织的名称、住所等信息。同时，《民诉》解释（2015）第三条指出公民的住所地是指公民的户籍所在地。

践中，法官生活在具体的社会关系之中，因此要单纯做到中立既不容易也不现实。民众来法院寻求帮助，不仅是结果意义上的，也包括过程的帮助。大到司法救济，小到取得一份户籍卡，对民众来说都是法院主持正义的应有之义。但对法官来说，既要守住程序正义的底线，又要为当事人服务以显示"司法为民""能动司法"的亲和力却如同是在走钢丝，平衡需要技巧。法律世界倡导的程序正义，在基层社会复杂的生活世界情境中，面临各种社会关系的"意义之网"，即使没有被完全解构，也常常处于矛盾和约束之中。

### 四 纠纷的文牍化——表格

具备起诉状、证据与身份材料，立案法官紧接着会制作"立案审批表"，并发放"受理案件通知书"和"开庭传票"给原告，让原告预交诉讼费用。① 这些一步到位的程序操作，目的是让原告当场就可以被"送达"，免去原告需再次往返法院取立案材料。这也是 A 县人民法院"司法为民"简化程序所推出的具体举措。

"立案审批表"由立案法官负责填写，载明了当事人、诉讼请求的基本情况以及审查意见，并有立案庭领导"同意立案"的批示。该表在程序意义上最重要的是立案时间和立案编号这两项。前者关系到审限，3 个月或 6 个月的审限是从立案次日开始起算；② 后者意味着一案一号，编立案号③后，该案件正式有了指称编号，类似身份证号从此有迹可循。

"受理案件通知书"会再次确认原告的诉讼请求，告知其权利和义务，④ 并对相关事宜（如诉讼收费）做出说明。"受理案件通知书"的一

---

① 依《民事诉讼法》（2012）第一百二十三条规定，符合起诉条件的，应当在七日内立案，并通知当事人。在基层司法实践中，一审民事案件一般在接收齐全起诉材料的当日审查并决定是否立案，需要合议的才延至 7 日内。最高人民法院关于人民法院登记立案若干问题的规定，简称登记立案规定（2015）也强调了这一要求。

② 根据《A 县人民法院审判流程管理规程》第五十三条规定：（一）民商事案件适用简易程序审理的，应当从立案之日起 3 个月内审结；（二）民商事案件适用普通程序审理的，应当从立案之日起 6 个月内审结。

③ 在法律层面上，提交到法院而未取得案号的纠纷并没有转变为程序之"案"。

④ 参见《民事诉讼法》（2012）第一百二十六条规定。

般格式如下表3—2：

表3—2　　　　　A县人民法院受理案件通知书

×××年 民初（审）字第××号

_____：

你诉与_____案的起诉状已收到。经审查，起诉符合法定受理条件，本院决定立案审理。现将有关事项通知如下：

一、根据民事诉讼法的规定，本案适用简易（普通）程序审理，当事人就适用程序有异议的，应在收到本通知书之日起_____日内向本院提出。

二、在诉讼进程中，当事人必须依法行使诉讼权利，有权行使民事诉讼法第五十条、第五十一条、第五十二条等规定的诉讼权利，同时也必须遵守诉讼秩序，履行诉讼义务。

三、如需委托代理人代为诉讼，应向本院_____审判庭递交由委托人签名或盖章的授权委托书，授权委托书须记明委托事项和权限。

四、有关举证事项详见民事诉讼举证通知书。

五、无过错方作为原告的离婚案件，原告如欲请求提起损害赔偿的，应在离婚诉讼的同时提出，否则视为对该权利的放弃。

六、应在接到本通知书后七日内，向本院预交案件受理费_____元，诉讼保全申请费_____元，其他诉讼费_____元，逾期不交的，按自动撤回起诉处理。

"开庭传票"的重要内容则是标明具体开庭日期。庭审排期由立案庭负责，是法院实行"立审分离"的突出标志，目的在于防止法官垄断案件审理，甚至出现私自收案情况。与"开庭传票"相应，立案庭还有开庭备案的"排案表"，注明案件即将开庭的日期。虽然有了开庭日期，但此时还不知道将由哪位法官来具体审理。G法官解释说："开庭的表，是在原告缴纳诉讼费之后，排案表就出来了，上面时间、地点都有，方便当事人知道开庭日期。但是上面还没有法官名字，免得当事人活动影响中立。偶尔会改时间、地点的，电话通知当事人。"

综上所述，通过原告提供形式化的材料与法院反馈文牍化的表格，纠纷以案卷的形式被进一步包装起来。每一件纠纷都存留一份案卷，内含纠纷的立案编号、立案时间、开庭日期等数字化管理信息，以及起诉状、审批表、通知书、传票等司法文书。案卷的建立是为保留纠纷处理的痕迹，它使纠纷处理符合司法程序的要求，显得标准化、规范化、法律化；同时也是一份备案，用来应对日后可能出现的程序审查。"法律对案件程序、实体、证据的合法性要求，最终落实为案卷制作的合法性要求，因为这些要求实现的证据还要到卷宗中去寻找"（赵晓力，1997：538）。这种"案卷制作、修饰形式"的实践技术（郑戈，1997：543），既有研究常注意庭审后的阶段，如完善案件卷宗内容，补齐材料，修饰后将涉案的全部诉讼文书编序排列，然后装订成册（丁卫，2014）。而本书专门从立案过程，从立案一端来剖析"案卷制作术"，前置、延伸验证了案卷形式与文牍制作的重要性。

前文曾将经"内部过滤"后的纠纷比喻为成品酒，进入"外部包装"阶段后，形式化的材料是将成品酒用瓶子灌装"成形"；文牍化的表格则是将瓶装酒又加上精美的盒子外包装，并打上生产日期（立案时间）与查询码（立案编号）。这样，从原酒—成品酒—瓶装酒—精装酒（见图3—1），纠纷（原酒）正式以案件（精装酒）的面目进入司法工厂，它等待的是被移送到另外一个空间（法庭）处理。

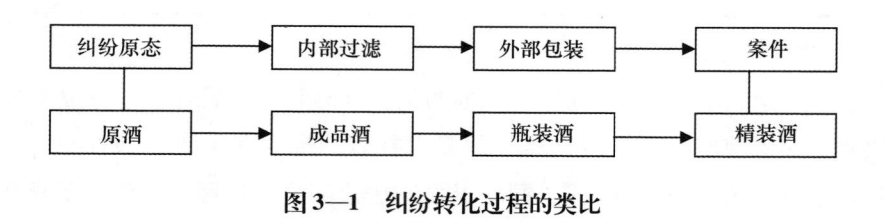

```
纠纷原态 → 内部过滤 → 外部包装 → 案件
原酒     → 成品酒   → 瓶装酒   → 精装酒
```

图3—1　纠纷转化过程的类比

## 第三节　纠纷转化的格式化

"尽管通向法律的大门是敞开着的，但是门旁站着威严的守门人，只有经过一道道的审核、批准，才能获得通行，求见到法律的真面容"（博西格诺，2007：5）。通过对基层法院立案程序流程及其实践逻辑的剖析，本书力图揭示纠纷转化为案件的一般模式与过程，发现生活世界里日常化的纠纷经历"纠纷格式化"才得以转化为案件被纳入司法程序。"纠纷格式化"是本书尝试提出的概念，指提交到法院的纠纷在立案过程中被按照司法程序要求进行过滤（含勾调）、包装等，以最终符合司法案件的"格式"。这一从立案角度来概括纠纷如何转化为司法案件的全过程可称为"纠纷格式化"，其内涵包括对纠纷的定性、命名、形式化与文牍化等，并具体呈现为"内部过滤"与"外部包装"两大阶段，形成了"过滤—包装"机制。

**一 纠纷格式化内涵讨论**

在"内部过滤"阶段，纠纷的定性是对纠纷可审判性的界定，法律规定与政治社会稳定的考量同时介入，民众由此感受到法律效力的范围和司法体系的观念，并体现出司法实践中特定的权力关系与司法运作的内在逻辑之间的竞争，即权力限制了纠纷的"资格"，而司法约束的是"领域"。上述政法逻辑下的审查立案制度将大量的纠纷排除在法院之外，限制了当事人的诉权，是"立案难"的一大症结所在。在全面推进依法治国的背景下，自2015年5月1日开始推行的"登记立案"制度，专门指出禁止在法律规定之外设定受理条件，全面清理和废止不符合法律规定的立案"土政策"。[①] 不过，登记制并不是简单降低起诉门槛，而是将重点放在对起诉内容的形式审查，依然注重司法"格式"。一方面，对提交到法院的纠纷的形式审查，依然强调符合法律规定的起诉条件，对不符合的规定的会予以释明[②]，同时更强调法律不受其他因素干涉，要求法院更纯粹地以法律、司法要求来"格式化"过滤纠纷；另一方面，针对纠纷的复杂性，立案登记意见（2015）、登记立案规定（2015）均明确了不予登记立案的纠纷类型[③]，尤其是不属于人民法院主管的纠纷，这表明

---

① 参见《关于人民法院推行立案登记制改革的意见》，简称立案登记意见（2015）。
② 参见登记立案规定（2015）第二条。
③ 参见立案登记意见（2015）"立案登记范围"、登记立案规定（2015）第十条。

登记立案并不意味着让法院全盘接受纠纷。立案改革也并非从根本上否定法院对于立案的审查，而是要求法院将先前非公开的案前审查纳入正当程序中，在立案阶段给予当事人充分的程序保障（许尚豪、欧元捷，2015）。基于当前基层法院司法解纠能力与司法资源有限的现实，不论是立案登记制，还是立案审查制，立案审查都是必需的环节。

而纠纷的命名（案由）是指在日常的司法实践中因解释而被建构出来的概念化"事实"以及"事实"的来源，案由解释权与案由决定权并不统一，案由的多元解释借助语言力量成为法院管理、掌控纠纷的重要方式。法律理想下的案由由当事人按诉求自行确定，或者在法官的指导下，当事人与法官一起讨论决定。但在基层法院，纠纷当事人在法律意识、法律知识、诉讼能力与经验上不足，立案法官对各类案由的解释，往往超出探知当事人真实意思的界限，会对当事人确定案由起到极大的影响。案由解释权在基层司法实践中盖过了案由决定权，是当事人与法官在互动中形成的现象，一方面，法官需要为"司法为民"提供必要的指导与释明；另一方面，尊重当事人的诉权则是司法的要求。为符合司法案件的案由"格式"，司法实践中案由调整的张力据此展开，即当事人将纠纷提交到法院，希求法律来解决纠纷，但这些纠纷是否适合司法途径解决、是否"可诉"，则需要在法律的规则和概念体系中来理解与评价，法院、法官在案由上的影响也就成为实践的必然。在纠纷转化过程中，通过案由的链接，抽象的法律规范与复杂的现实生活世界得以勾连。案由确定的过程，不是单纯依赖法律规定，而是由现实法律场域中法官与当事人间的互动实践所决定。由此，经历纠纷的定性与命名，纠纷在性质上转化为了"案件"。这一"内部过滤"过程，本书形象地以原酒过滤与勾调为成品酒做类比，即经历司法过滤与勾调，纠纷出现了微妙的司法酿造转变。

在"外部包装"阶段，纠纷的形式化体现为对起诉状撰写、证据与身份材料准备的关注。成形后的起诉状展示了案件的结构，反映诉讼请求，甚至指向应当适用的法律条文，但案件的结构有时会与原告的经历、纠纷的社会事实存在一定差距。纠纷往往有累积和发展过程，但这一过程并不会反映在案件结构之中，起诉状中的纠纷样态撰写要点在于符合司法案件的"格式"要求。更进一步地，为了将日常问题"格式化"为专门的、从生活世界经验情境中抽象出来的法律构造，证据作为法律世界的通行证将发挥关键作用，通过证据链，纠纷事实以抽象化的法律符号、概念、命题重新组织起来，系统化的法律逻辑与日常化的生活逻辑、法律规定的证据规则与民众日常性的行为方式等张力不断展开。而身份材料的准备，涉及被告明确的起诉条件要求，为立案所必需。在基层社会复杂的生活世界情境中，要明确被告信息以满足案件"格式"将面临各种约束。可见，对原告来说，纠纷在程序上必须经过起诉状记载形式、证据、身份材料等的"格式化"准备才能转化为案件。

而纠纷的文牍化则是指法院通过一系列表格的制作与装帧，使纠纷最终以司法案卷的格式得以展示。其中，"立案审批表"在程序意义上明确了立案时间和立案编号；"受理案件通知书"确认原告的诉讼请求，告知其权利和义务，并对相关事宜（如诉讼收费）做出说明；"开庭传票"与"排案表"则标示了案件即将开庭的日期。通过上述表格的包装，每一件纠纷都对应一份案卷，内含纠纷的立案编号、立案时间、开庭日期等数字化管理信息，以及起诉状、审批表、通知书、传票等司法文书。此时的纠纷已纳入数字化管理，且有多项司法文书为支撑，在精美的外包装上还打上了生产日期与查询码，面目一新。上述案卷制作的司法实践技术，既有研究常注意庭审后的阶段，如补写卷宗内容，补齐材料，补齐签名盖章，以及修饰后将涉案的全部诉讼文书编序排列，装订成册以应对审判监督可能的检查。而本章专门从立案过程，从立案一端来剖析"案卷制作术"，前置、延伸验证了案卷形式与文牍制作在案件形成过程中的重要性，即立案中的案卷制作，使纠纷有可见的文本形式展示，如同精装酒的精美包装一般，它使纠纷转化为案件的"格式化"过程得以最终完成。

不难看出，纠纷格式化两大阶段的每一步都是为了保障程序正义而设计，操作虽有点麻烦，但立案法官都乐于接受，因为这种程序化的操作，既能减轻应对纠纷时的多方压力，也能分散所要承担的责任。只要按照程序来"格式化"纠纷，在"过滤—包装"机制之下的立案结果就合乎司法程序的要求。概括来说，纠纷格式化在纠纷的定性中重点放在对起诉内容的形式审查以及过滤不符合受理条件的纠纷；在纠纷的命名中体现为对案由的决定与调整以符合司法格式要求；在纠纷的形式化中呈现为纠纷必须依法律格式经历起诉状记载形式、证据、身份材料等的准备；而纠纷文牍化则使纠纷最终以司法案卷的格式精美展示。在这一"格式化"过程中，"法律成为行动的限制条件之一，限制了各方选择行动策略的可能性"（郑戈，1997）。也就是说，有些纠纷具备法律意涵及审理价值，可通过法院予以解决，而有些纠纷则与法律关系相去甚远（如情感问题），与司法难以对接。因此基层法院受社会条件及自身能力所限，无法处理民众提交的所有类型的纠纷，有时甚至无法处理一些应由法院处理的纠纷。为避免审判困局，立案这一程序对纠纷是否符合司法格式进行把关，让符合案件资格的纠纷得以转化进入司法解纠途径。

## 二 纠纷格式化外延讨论

在内涵之外，纠纷格式化的外延可通过与相关研究的比较来勾画该概念的解释边界。

首先是关于纠纷转化。前文所述纠纷"过程论"与"意义论"代表了纠纷转化既有研究的两大进路。其中，纠纷"过程论"意识到纠纷有不同的转化阶段，但并没有进一步关注求助于司法的纠纷之后的状态。本书接续纠纷"过程论"思路，力求递进补空，立足于司法程序的立案过程，从"立案"角度来剖析纠纷如何转化为司法案件，重点阐述了"过滤—包装"纠纷转化机制并尝试将转化全过程概括为"纠纷格式化"。纠纷"意义论"提出了"问题解释"与"案件解释"的分野，两者间的竞争将决定纠纷的性质与状态（梅丽，2007），但其研究着眼于纠纷只有被解释为案件才能被准许立案，进入司法程序。本章的研究没有仅限于对纠纷本身的意义解释，而尝试进一步指涉到案件的法律"案由"解释。即纠纷被准许立案后，案由的多元解释需借助法律知识与语言的力量，导致案由解释权与案由决定权并不统一。基层法院的立案法官因为具备专业知识获得了"案由解释权"，而当事人的"案由决定权"这一法律权利则因其缺乏法律知识与经验常常无法实现。这一案由确定的过程解释，展示了法院（或法官）建构案件的可能。

其次是关于立案过程。在纠纷转化视野中突出"立案"的重要性，而针对"立案"过程的研究是本章的重点。前文述及的"金字塔"模型、"宝塔"模型、纠纷震荡及漏斗效应等提醒在研究纠纷转化过程时，需注意与纠纷解决过程相区别，需注意那些被带到法院的纠纷并不会自然地转化为案件。纠纷要转化为案件，立案过程是关键，否则纠纷的转化将出现"空白"或"断裂"。但在立案实践逻辑这一关键问题节点上，法学界主流的规范性研究进路缺乏细致详细的实证资料分析，而法律社会学的相关研究则较为分散，涉及组织、观念、语言等诸方面。本章有关"纠纷格式化"的研究，集中尝试回应了立案实践逻辑的两大关键问题：一是立案机制是什么。尝试提出了纠纷转化的"过滤—包装"机制。此前有关立案的代表性研究（张卫平，2009；傅郁林，2011），集中在论述我国立案难（包括"审查"）的法理性问题与解释，较少关注立案过程内在的实践机制。二是立案机制如何运转。本书就纠纷的定性、命名、形式化与文牍化等过程，以及当事人与法官之间的多重互动进行了较为细致的描述与解释。概言之，关于"那些被提交到法院的纠纷是否自然地就成了案件"这一经典问题，纠纷"过程论"与"意义论"以及既有代表性的立案研究中的回答是较为模糊或分散的，而本章"纠纷格式化"的研究尝试明晰这一问题并解释相应的过程与机制。

最后是关于"甩干"机制。"甩干"机制对司法过程的解释颇具启发，但本章"纠纷格式化"的研究希望至少有如下三点补充：一是在研究对象上，"甩干"机制主要是在诉讼程序开始前非公开、非正式发挥作用并贯穿审理过程直至判决生成（刘正强，2014），这一机制基于诉讼的全程序，并不突出"立案过程"这一关键的纠纷转化节点。而纠纷格式化着眼于立案程序，目前专事立案过程的法律社会学研究尚不多见，这在一定程度上细化了"甩干"机制在立案程序中的作用。二是在研究内容上，"甩干"机制以一桩离婚案为基础（刘正强，2014），深刻分析了双方的礼俗关系纠葛，很少涉及一般性纠纷的立案过程与法院内部的工作机制，如法院程序化的操作流程与分工体制，案由的命名过程等，纠纷格式化由此补充了"甩干"机制在这些方面的纰漏。三是"甩干"机制的"洁净化""纯粹化"目标有利于更为抽象、简练地理解纠纷的司法特质，但从另一个角度来看，"甩干"及其辅助机制"熨平"主要是物理过程，而纠纷格式化的"内部过滤"阶段包含有"物理—化学"过程，如经历司法勾调，类似原酒到成品酒，纠纷在法律意义的性质上得以转化；同时"外部包装"阶段的形式化（材料）、文牍化（表格）过程，进一步赋予了纠纷本身更多"法律化"意涵，经外部包装后的纠纷在司法特质上较"甩干"之后更为丰富（enrich it more），更富法律特征。因此，纠纷（原酒）转化为案件（精装酒），不仅仅是"甩干"，紧跟推进的还有"勾调""包装"等，"（内部）过滤—（外部）包装"机制因而更能解释立案过程中的纠纷转化。综上可见，纠纷格式化以及"过滤—包装"机制对立案过程的关注与阐释，有助于反思并细化、补充、推进"甩干"机制在纠纷转化中的解释力。

### 三　从纠纷到案件

从纠纷到可审理案件并非简单的转化，这一过程还涉及能否将两个不同类别的社会场域进行衔接的问题（许尚豪、欧元捷，2015）。立案在形式上是诉讼程序的一个抽象的节点，在实质上，任何纠纷进入国家司法系统之前，必须经过立案这一步骤，"立案界限以内是司法接管的世界，在此之外则是社会或国家行政权力的范畴"（储卉娟，2012）。立案对当事人是窗口，对于法院是关口。法院只有处理具有可诉性的纠纷才能充分发挥解纠功能，才可能实现法律效果和社会效果，而这正是通过司法进行社会治理的重要内容。

更进一步地，在普通民众与司法程序互动方面，本章基于对整个立案过程的细致分析，发现系统化的法律逻辑与日常化的生活逻辑、司法实践行为与民众日常行为之间的冲突或隐或现，贯穿始终。哈贝马斯所言的"系统同生活世界的脱离"（Harbermas，1984：196）在立案过程这一场域有了新的现实注解。例如，虽然都将法院视为"讲理"的地方，都遵循"摆事实讲道理"的原则，但法院所讲的"理"是法律条文所体现的"理"，要求纠纷证据事实与法律条文之间有严格的对应关系；而民众所说的"理"往往要宽泛得多，不仅带有很强的地方性色彩，而且其与事实的对应关系也远不够严格。法律根据"法理",民众往往依据"公道",两者范畴不同甚至有错位。又如,在所追求的解纠目标上,虽然都追求公平,但法院追求的是针对具体事件和具体对象的公平,民众则将纠纷视为非单一具体事件,希望实现综合性和相对连续的公平,是情、理、法三种公平逻辑的综合与平衡(王汉生、王迪,2012)。再如,在立案使用的诉讼话语上,法院使用的是尽可能规范化的、中立的、明确的法律语言,其特有的语言程序有助于产生中立化与普适化效果(布迪厄,1999)。而民众常表达出非规范化的、带有强烈情感的、笼统的、充满道德评价的生活语言。语言转换冲突、话语选择等,也是纠纷转化过程中常见的博弈,这在纠纷的后续庭审过程中将体现得更为明显。

综上可见,为了提出案件(立案),需要将纠纷建构为诉讼,使之成为受司法规制的法律问题(布迪厄,1999)。与此同时,法律系统与人们在日常生活中进行沟通行动的"生活世界"形成了哈贝马斯所谓的"断藕"关系,生活世界中的行为逻辑很难再影响法律系统本身的运作逻辑。"在高度分化并具有强烈自我维系倾向的法律系统中,法律人所应用的语言和逻辑与普通民众在其日常社会生活中所应用的语言和逻辑有着本质区别"(刘思达,2007)。因此,法律不仅具有规范性,而且具有事实性,法律的事实性以沟通时的条件为转移。在司法领域,法律事实性和规范性之间的内在张力表现为法的确定性原则和对法的运用这两者之间的张力(哈贝马斯,2003)。正是这种"张力"保证了法律世界既规范着生活世界,又能从紧张中汲取生活世界的基本要素,既不让法律世界脱离生活,同时又在生活世界中彰显(represent)规范,让二者保持一种互为制约、互为限度的关系。

本章对立案过程的研究试图深化对纠纷转化复杂性的理解,但也存在研究局限。第一,司法实践及其过程的复杂性远超研究的想象。本章关注的立案过程,只是司法全过程的一个程序阶段。尽管尽可能细致研究,但在程序环节把握上仍可能存在疏漏,或者因为过于注重立案细节而导致对司法实践全过程的整体视野把握不够。第二,本章尝试在纠纷转化、纠纷解决的双重视野下凸显立案过程研究的重要性,但反过来以立案过程的经验研究来回应纠纷转化、纠纷解决的多种理论,针对性显得有些分散。虽然本书重点对话了"甩干"机制，但与其他既有研究的对话还有不足。第三，本章尝试提出"纠纷格式化"以统领论证、论述立案过程中的纠纷转化过程，虽然提出了该概念的定义、内涵、外延比较等方面，但概念的打磨仍有不足，对概念的应用讨论也有待更多研究资料的支撑。

# 第 四 章

# 纠纷解决的过程:基于简案组的审理

立案阶段仅有一部分纠纷有幸能被纳入基层法院的主管范围,并最终以案件的形式进入法院的程序流程。在整个司法程序中,案件在立案之后,进入庭审阶段是由"简案组""业务庭"两条流水线分别完成。在案件庭审阶段,基层法院的法官作为程序运作和纠纷处理的主体,在实践中自有一套操作的经验和技术。本章将从简案组的处理纠纷的程序操作入手,来展示简单案件的处理过程。

## 第一节 简案组的运作概况

立案之后,纠纷从法律性质上已转化为案件,具备了立案编号等外部特征。接下来,案件(纠纷)的处理会进入下一个流程,即庭审阶段。若纯粹从法律关系上来看,基层法院的很多案子其实并不复杂。对此,A县人民法院近年来加大了"繁简分流"的力度,即简单的案件由立案庭专门设立的简案组来包办送达、审理、结案,实现"一条龙"处理;而相对复杂的案件,则由业务庭(民一庭、民二庭)处理。为防止案件的相互推诿和扯皮,A县人民法院还规定了简案组必须要"拦下"处理的案件比例,即由简案组处理的民事案件数必须超过当年民事案件总数的60%。在操作上,A法官介绍说:"(立案时)认为简单的案子,就在案件材料封面上写个'简',等简案组来取审,这个比例大概有60%。其他的交由立案庭的内勤先送达。送达了以后,再交给业务庭的内勤,并由业务庭庭长分配给各个审判员"。由此,在统一立案之后,案件进入了两条不同的生产流水线。一条流水线是简案组马上接手的简单案件,将快速进行审理;另一条流水线则由立案庭、业务庭等分工配合,处理复杂的案子。

在提高案件审理效率的改革中,A县人民法院推出了"简案组"这一新设机构专门负责处理简单的案件。简案组在编制上隶属于立案庭,随着案件数量的增加,简案组人数有增加的趋势,目前配备有6位法官6位书记员,实行"一位法官一位书记员"的办案模式。

> 现在我们立案庭呢,流程是这样的:立案庭大厅立案之后,觉得简单一点的,如简单的离婚啊,简单的借贷啊,看一下后直接放在简案组。那么,简案组的人会拿去。我们有个副庭长是直接管理简案组的,副庭长拿去以后呢,就分给我们。……归到简案组的案件,我们自己送达,自己审理,全部自己干的。除了立案是立案大厅干的……从立案之后的送达到委托执行之前,整个流程都是我们自己干。(D法官语)

在诉讼程序上,简案组拿来的案件在送达被告(通知被告应诉)之前有可能需要"保全",即对被告的财产进行封存等操作。但这种情况在简单的民事案件中出现的概率很低,所以归到简案组的案件一般来说就直接进入了送达环节。C法官介绍说:"送达,不保全的案子直接给我们,我们简案组直接自己送达。如果说简案组里面(案子)有保全的,先由保全送达组保全,保好后移交我们送达或者审理。"

> 简案组是老的流程,就是送达和审理是在一条流水线上走,但保全我们是不搭界的。一般全年案件60%先拦下来,简案组分给我们,我们自己送达……而业务庭的案子,那么不管是保全还是不保全,都移到保全送达组,他们保全送达之后,有结果了,排期排好了,再移送业务庭,业务庭不负责排期的,(立案)大厅是负责排期的。但我们简案组的案子呢,我们是自己排期的。业务庭的案子呢,排期是他们(立案)大厅里面排的。我以前在业务庭工作的时候就

这样的，复杂一点的案子，立案的时候，原告方直接传票就拿走了，给你一个月左右或者多少时间（开庭），要提高效率也是方便当事人，省得跑来跑去跑了嘛。这有两个好处，一个是督促保全送达组早点送达；另外一个就是原告省得第二次再来法院跑，可以把传票早点拿走。所以立案的时候直接把传票拿走了。排好期之后，然后保全送达组就去送。一个月时间之内送掉。送掉之后呢，把这个案子直接移送到业务庭去办了。（D法官语）

可见，简案组的操作中，送达是分内的工作职责之一而不是专门由保全送达组来操作。只有那些被认为是复杂的、需要由业务庭来处理的案子，才由保全送达组来送达。简案组的任务是要快速处理案件，因此对送达程序也需要掌握主动权。

## 第二节 处理纠纷的"快刀斩乱麻"

随着案件数量逐年增长，在A县人民法院，如果每个案件都要按部就班地按程序步骤开庭审理，那么每年超过5000件民事案件无论如何是审理不完的。为此，从2007年开始，A县人民法院加大了"繁简分流"力度，增强立案庭"简案组"的审判力量，增加编制和人员。按照规定，简案组从立案大厅接手案件之后，如果案件不需要保全，简案组将负责处理该案件接下来所有的事宜，包括送达、审理、审理后送达等。

简案组的案件全部用简易程序处理，普通程序和简易程序的最大区别，在C法官看来，"简易程序，当事人同意放弃答辩期，另外在开庭前先行调解"。但C法官同时强调简易程序并不是简化程序，如果庭前调解不成，必须要开庭的话，程序是不能简化的。

> 开庭的程序是不变的。简易程序审理的案件，程序是不能简化的，不是简化程序。简易程序和简化程序是两回事情……如果要开庭审理的话……原告陈述，被告答辩，举证质证这些，这些程序一点都不能少。我们简易程序有一点，最高院不是有个司法解释嘛，

简易程序就是在开庭前先行调解,你像原来的普通程序审理案件呢,开庭前调解这个必置程序是没有的。只有是离婚案件,离婚案件是有规定的,是必须要调解(程序)的……简易程序在开庭前就先调解,一般争议不大的(案件)基本能达成协议。能达成协议的就不要开庭了……如果调解不成的就开庭。开庭的话,讲程序。(C法官语)

对于简易程序是否意味着简化,其他法官有不同的看法,例如F法官就认为,"简易程序呢,就是方便诉讼当事人而且节约司法资源。这个简易程序也是简化程序的一种说法。就是说,比普通程序在程序方面可以简略一点"。

综合来看,简案组的工作重心在于尽可能地将案件庭前调解成功,纠纷解决方式的重点在调解。这样能免去了开庭审理环节。如果调解不成,需要开庭审理的话,也要尽量一次开庭结案。这往往也是可以做到的,原因在于简案组"拦"下来的案件本来就是比较简单的案件,那些比较难、复杂一点的案件都到业务庭去了。

那么具体简案组处理案件如何操作呢?简案组的法官与书记员实行"一对一"的配对工作。在案件分配上,每个法官所承办案件的数量差不多,但承办的重点有所不同,如有的法官承办离婚案件较多,有的承办土地安置类案件较多,有的则负责民间借贷类案件。按照《A县人民法院审判流程管理规程》的规定,简案组的案件由"承办法官自行排期,由承办法官按照高效、合理的原则,确定开庭日期"(第八十二条),并且"一般在5日内开庭,当事人不放弃答辩期的,在20日内开庭"(第八十三条)。因此,从程序要求上看,简案组处理案件是典型的"快刀斩乱麻"。

## 一 简便送达

简案组接手案件之后,程序的第一步是送达。简案组的送达采取最快捷的方式——电话通知。法官亲自打电话传唤当事人,约定与当事人双方在法院(法官办公室)见面的时间。当事人到场后,法官先是请双方当事人或代理人签名确认送达，D法官说，"简便方式传唤当事人包含电话通知啊，不一定要正式的传票，他到时候签个字。这个（签字）呢，比较正规一点"。不过，如果电话通知后，某方当事人没有如约到场怎么办？D法官说，"被告不来，得再送达……反正问题不是很大。程序上送达已经到位了。反正简易程序嘛，电话通知什么的，但是手续（签字）还是要的"。

除了电话通知送达，A县人民法院还推出"短信送达"。暂且不论这样做是否合乎规定，重要的是在工作业绩上这作为业务创新的亮点推出来了。

> 短信送达是通过法院的电脑发短信，不是我们自己（法官）发短信。法院有个统一号码以法院的名义发短信。比如，'当事人张三，接到本短信，通知你什么时候来拿传票，或者什么时候开庭，接到短信后请回复'。那张三回复，关于某个案子短信收到了，会过来的……短信送达是一种方式但不一定非常牢靠。（E法官语）

简便方式传唤当事人后，除了补办送达手续、签字确认送达外，还要补办被告放弃答辩期的手续。为迅速审理扫清程序障碍，简案组法官会准备这样一份材料（见表4—1）：

表4—1　　　　　A县人民法院同意适用简易程序通知

| 同意适用简易程序通知 |
| --- |
| A县人民法院：<br>　　你院受理原告　　　　诉我（单位）　　　　纠纷一案，现已收到起诉状副本，应诉通知书等诉讼材料，为了快速解决纠纷，我（单位）愿意放弃十五天的答辩期及举证期，并同意适用简易程序进行审理。<br><br>　　　　　　　　　　　　　　　　　　　　　　　被告（签名）：<br>　　　　　　　　　　　　　　　　　　　　　　　×××× 年 × 月 × 日 |

D法官解释说,"放弃答辩的(通知)一般来说要给他们的啦。被告的权利还是要保障的。他同意的话呢,就方便,马上可以调解或开庭,为了快速解决纠纷嘛。实际上这个十五天答辩期也不是很明确的"。

在案件审理前,送达程序上补办手续是非常重要的。只有这样,在案件审理后,才能保证所走的程序流程至少看起来是合乎规定的,案件结果至少不会从程序上被推翻。

问:放弃答辩期这些手续事后可以补吗?

H法官:事后补嘛,当事人同意的话,也可以啊。比如说你口头同意放弃答辩期,而这个案子需要你签个字。他同意的话呢,肯定是可以的。就是补个书面手续。又比如,因为你将去外地而放弃答辩期,这几天有空马上过来处理一下。那么处理掉之后,后来发现,呀,某个手续没有,那么再补一个。或者前几天电话里讲过的,那么现在书面手续再补一个。那他同意的话也很好。和当事人有些工作已经是口头上同意的,或者在前面已经做过了。不过,他本身不太同意,或者临时的前面的手续补一下不同意,那么这个案子就麻烦了。

问:有这样的事情出现?

H法官:也有可能的。

问:就是说,还是要和当事人沟通一下,不然当事人较真就麻烦了?

H法官:对。一般的当事人也不是十分了解的,但是,他不了解也不好去对他怎么样的。下一次,他一问,我怎么答辩期那个没有的啦?像这种,一般都是比较复杂的案子,(当事人)会提出来。但是既然他签过字了,也就很难(再来一遍)了。

可见在实际操作中程序简化是可以的,但在手续上必须要有当事人的签字确认,以保证程序的合法性。之所以采取简易程序,法院对外宣传的理由是为当事人着想,即为了快速解决纠纷,方便当事人,减轻当事人的负担,体现"司法为民"的宗旨。但实际上也是为了提高办案效率，减轻法院负担，避免案件由于程序的原因越积越多，使法官从程序的束缚中稍稍得以解脱。简易程序能够被当事人接受，除效率高外，一个重要的原因是它与民众熟悉的传统办案模式相似，具有群众基础，D法官说："从某种程度上讲，这还是以前老一套的法院审案模式。"不过，由于简易程序在操作上存在很多漏洞，如果遇上"较真"的或"口说无凭，反反复复"的当事人，简易程序的操作就难以开展了，很有可能因为"程序"原因，案件的处理就不得不推倒重来。

## 二 庭前调解

在简案组的工作中，庭前调解和开庭审理是连贯操作的两步，并不作为两个单独的审理程序来对待，其目的是尽可能地将案件调解掉。

> C法官：我们就是（直接）通知开庭。双方到庭之后，先进行调解。并不是说两个程序，而是在一个程序中走完了。就是说，（比如）今天要开庭，人到了，八点半到了之后，宣布先调解。调解能达成协议的，就不要开庭了。如果达不成协议的，就直接进行开庭了。
> 
> 问：所以说是面对面地调解？
> 
> C法官：面对面调解，也背靠背调解，我们可以双方坐下来以后，或者有哪个地方，我们也可以分开来，分头做工作。就是把一方叫出去什么的，就这样调解。

庭前调解并不拘泥于形式，面对面或者背靠背调解都可以，关键在于能否达成调解协议。如果能调解，简案组就当场制作文书，当场结案。如果调解不成，马上安排开庭审理。由于简案组处理的往往都是事实清楚、权利义务关系明确、事实争议不大的案件，所以能当庭宣判的也很多，很多案件都是当天结案。

需要说明的是，在A县人民法院存在两种庭前调解方式。一种是简案组在开庭前的庭前调解，一种则是在立案庭立案之前的庭前调解。这是两种在程序性质上完全不同的调解，前者是已经进入了正式的司法程序，后者则还没有进入司法程序。但在简案组看来这两者都是庭前调解。只不过"庭"一个指称"开庭"，一个指称"立案庭"。简案组开庭前的调解，往往是在当面送达签字确认后，法官马上询问是否同意调解。

（案件）到了我们手里，我们就通知被告来拿传票，拿的过程中呢，我们问，这个事情清不清楚的？我说马上给你调解。就是送达的时候直接调解。也是简便啊，省得当事人再跑来了。所以，简单的话，（当事人）来一次就可以了，就是来拿传票，通知他这个事情清楚的……被告原告征求意见后，调解好了，当场制作法律文书。调解文书当场送达……下一步他们履行协议就可以了。如果不履行的话么，就申请执行，也快的，很方便。这个是比较简便的。（D法官语）

可见，这类调解的目的在于节约当事人和法官各方的时间和精力，寻求当事人之间纠纷的快速司法解决，达成法律意义上的共识。对于事实清楚、证据明确的案件，当事人同意调解的话，只要来法院一次，就可以结案。

比较来看，立案庭立案之前的调解，事实上是在案件正式进入司法程序之前，由司法行政机关组织的纠纷调解。只是由于这个调解机构附设在人民法院，所以看起来也成了法院处理纠纷的组成机构。

司法局有个调解室设在立案大厅旁边。有些案子，比如说双方当事人都到场的，原告方立案的时候，征求一下法官意见，法官会释明嘛，问你（原告）要不要协商一下，你被告能不能叫到，叫到的话呢，我们旁边有调解室进行调解。当然了，调解后我们书记员会出具调解文书……庭前调解也是很方便的。在立案大厅那儿，先释明，通知被告过来调解，就是用这个方式。（F法官语）

综合来看，对于简单的案件，法院解纠的着力点就是尽快调解。这具体分为两道防线：一是将案件防在正式的司法程序之外，即排除在立案之外，如司法局调解室的调解；二是即使立案后进入了司法程序，也由简案组用简易程序尽快调解。只有在调解不成或当事人不同意调解的情况下，才开庭审理。

### 三 程序简化

虽然法官强调简易程序并不意味着简化程序，但是在实际操作中，考虑到各种具体情况，简案组的操作实际存在不少简化程序之处。D法官举例说："开庭过程当中，我们碰到简单清楚的案子噢，我们程序直接简化……比如说，有些是双方都有诉讼代理人的话，我们诉讼权利义务就不交代了，因为都清楚的嘛。只不过是释明一下。如果当事人不知道的话呢，诉讼权利义务还是得交代一下，但是我们程序简单。如果说这个案件，有些时候调解，但是（一方当事人）条件吃不消答应的话，那么我也只有判。反正就是说，事情清楚的话，有些程序我就减掉了。"

当然，D法官也承认，"开庭的时候，你说事实调查，陈述肯定要陈述一下的"。而对于一些明确的证据，比如"借条"，只要对方认可，就可以省去质证的程序步骤。

> 我个人认为，基本的程序还得在，开庭的时候问问情况。比如，你是不是欠钱……就不一定要辩论了，或者说不需要还要辩论二轮三轮了。（这是）我以前个人的做法。有些程序，不可能简化的。比如说，举证，你不可能说不让他举证。但是有些法官他好像有时举证也省……司法如果完全按照程序走的话，很复杂的啦。有些程序比如是否增加被告，是否反诉啊，案由清楚的，这种就不要问了……比如借5000块钱，借条很清楚的啦，不可能有什么变更诉讼请求的，我就不问了。（E法官语）

可见为了尽快审结案件，简案组在审理过程中的程序往往能简就简。在简案组法官看来，如果每件事实清楚、案情简单的案件都要完全按照普通庭审程序一步一步来的话，那就完全起不到"繁简分流"效果，法官也受不了。因此，在简案组对案件的处理中，通过简便送达、庭前调解、迅速开庭三个环节，不仅节约处理案件的时间，而且在程序操作上也减轻了法官的压力和负担。

表面来看，程序简化的操作方式是与规范性的程序正义理念背道而驰的。因为在这里程序的操作并不是按部就班、按照精细设计的程序步骤进行，忽视的恰恰就是程序本身的作用，如何谈得上是纠纷解决的程序正义呢？但在实践中，简案组处理的案件绝大多数都能得到双方当事人的认可，以调解的方式顺利收场。D法官说，"我们简案组的案件大约有80%的案子都是调解结案的"。因此对当事人来说，最关心的并不是程序如何规范，而是能否接受案件的处理结果，只要结果能够接受，程序问题就是次要的；只有在结果不能接受的情况下，程序问题才有可能作为一个理由被堂而皇之地提出，以推翻原先的审理。在传统法学理论中，当强调程序的工具主义价值时，是从程序是通向正义的工具这一意义上提出来的（陈瑞华，1999）；而在这里，程序的工具主义价值取决于当事人是否认可审理的最后结果。只有不认可案件的结果时，当事人才会挑剔程序，强调程序的重要性，为案件的重新审理寻求合法性，因此这更倾向于结果取向的程序观念。

## 第三节　简案组的审理

简案组审理的案件，一般是"发生率"较高的案件且同类案件在处理中可归纳出相似的核心争议点，从而促进纠纷的模式化解决，其中土地安置费案件就是范例。土地安置费案件主要是由村（镇、街道）集体土地被征用而引起的。这类案件案情相对简单，关键点在于如何确定"村民"的集体成员资格（身份），以维护公平享有权益、分配利益的权利。由于上述原因，土地安置费案件大多由简案组负责审理，一般适用简易程序要求在3个月内结案。

关于"村民"的集体成员资格（身份）认定，大量的纠纷发生在外嫁女、嫁入女、离异人员、"农转非"人员等（一般是原告）与村民委员会（一般是被告）之间。案情相对简单，多数是原告方不满被告方的利益分配方案。村庄是一个个以血缘和地缘为基础形成的"利益共同体"。在涉及村庄利益分配时,只有具有集体成员资格,才有权进行村社资源的分配。户籍、村规民约都影响到成员资格的认定,简案组在审理时一般会综合考虑户籍、土地承包权证、主要收入来源、男女平等因素,侧重维护村民作为公民的权利,并力图修正有失公正的村规民约。

不过司法审理在土地安置费纠纷中的作用,并不仅限于实体法所规定为某些人群争取平等权利,需注意诉讼程序对解决此类纠纷也具有重要功能(Peerenboom,2006)。当原被告双方闹上法庭时,表面看起来纠纷已经闹得双方"熟人"关系趋向破裂,而实际上,在土地安置费案件中,双方也并不完全是真正有不可调和的矛盾,那纠纷为什么还是要闹上法院?

> 有些案件,他村主任本身是同意的(比如给外嫁女补助),但是他们村内部村民大会那边制定出这么一个规则(外嫁女不给补助),村主任不敢轻易地认定(补助)。一旦法院判下来,他们没意见的。但要让村主任他自作主张认定补助,他不敢的。因为他要躲避村里很大一批人,要交代。那么,法院判下来后,村主任他就可以说,"我也没办法,又不是我认定的,是法院判下来的"。(L法官语)

> 村里就是说,他直接发(或)不给你发的,他就是要法院判了,老百姓也没话讲了,就是这个意思。我们好多案件,涉及村委的案件,都是这样的。调解啊或者主动来出庭什么的,他们都不会的,他们说到时候老百姓会有意见的。他们交代不下去。你们法院判,他们说不要紧的,他们可以向老百姓交差的。(F法官语)

在土地安置费纠纷中,村主任(村民委员会的法人代表)常处于一种"两难"境地。村主任是经多数村民投票选举产生的,他不愿意违反村民大会的决议而得罪多数村民,同时也不愿意和"外嫁女"等原告真正对簿公堂。这里,司法程序给了村主任一个"说辞",即以法院的判决来调和村内不同群体间矛盾、调整利益分配。如把对"外嫁女"等的补助、对村规民约的修正归于法院判决的要求，从而对大多数村民有个"交代"。W法官说："村规民约这种东西，要审查是否合法的喽。它的合法性还是要审查的。比如说土地安置补助中对外嫁女的话，不补偿，但法院的话，对这种村规民约还是否定的。村规民约中，对这种，就是说，哪一方面不合法的这种东西，还是要否定的。"

这种将纠纷一致推向法院的情况，在某些村的《土地安置补助费分配方案》中也有清楚体现，如"建议要求享受村民同等待遇的村民可以寻求通过法律途径（司法程序）解决"。这里，法律不仅是解决纠纷的工具，也是村民间调和、分配利益的"挡箭牌"。通过司法程序，不仅可以向所有村民有个"合法"的交代，而且还可以修正不符合现代法治精神的村规民约。一般而言，当村规民约与国家的相关法规相悖时，应以国家的相关法规为准。尽管法律赋予村民一定的自治权，但该权利的行使必须在法律框架内，违背国家相关法规的村规民约不仅本身无效，也不能作为裁判的依据（吴兴国，2006）。

可见，通过司法程序，一些在村集体内部原本不可调和的矛盾（如不同村民群体对成员资格认定的分歧），就可以依据法律的名义调和处理。这里，"程序的价值并不是来自当初的制度设计，而是在纠纷解决的过程中被赋予的"（朱涛，2012）。通过司法程序，原告可以名正言顺地要求"依法"补助，被告可以"依法"给予补助，而大部分原先不同意的村民也只能"无奈"接受法律的裁决。如G法官所说，"这是经过法律程序认可的结果，谁不遵守，谁就是藐视法律，就是和法律、和国家过不去了"。

正是由于上述对法律，特别是对审理程序的认知，使得土地安置费案件大批量地以"判决"方式结案。一方面，被告往往主动缺席或不得不缺席审判，即使被告出席，双方也不愿意调解；另一方面，一张生效的判决书远比一份调解协议更能向广大的村民有所交代，更能显示法律的决心。司法审理程序在这里再次体现出它的价值，为解决村集体内部的纠纷提供了合法性依据。法院的判决书对普通村民意味着村社的权力不是绝对的，通过司法程序的审理，村民大会的决议可以被修正甚至被否定，村社的权力受到限制。而国家的法律，不仅仅是文本上的条文规范，而且可以在法院中通过纠纷处理呈现出特别的功能。通过开庭审理与法院判决，程序的意义、司法的功能渗入村民日常生活的经验当中，这也是国家通过法律对基层社会的治理。

# 第 五 章

# 纠纷解决的过程：基于业务庭的审理

上一章分析了简案组审理案件的运作流程，本章将分析庭审的另一条流水线——业务庭的案件审理。相对于简案组主动挑选案件来处理，业务庭处理的都是简案组不愿意"拦"或"拦"剩下的案件，是那些法律关系相对复杂、比较棘手的纠纷。正因为如此，业务庭的法官们普遍感觉案件审理的负担重压力大。由于案件的特性，业务庭的程序运作比简案组要复杂。本章所涉及的劳动争议类案件，由于程序比较复杂，历时较长，所以大多都由业务庭着手处理。

## 第一节　业务庭的运作概况

业务庭处理较为复杂的案件，案件一般占到当年所有民事案件数的40%。无论是否需要保全，这部分案件立案后都会先移送到保全送达组。在送达之后，再移交给民一庭或民二庭这两个业务庭的内勤，继"立案"之后，正式进入"法庭庭审"这一司法案件生产车间。

业务庭内勤将收到的案件予以登记，然后移交给庭长，再由庭长分配给业务庭的各个审判员。以民一庭为例，除庭长外，另外有九位审判员（包括助理审判员）。庭长由于担负行政事务，处理案件较少。如J法官所说，"本来庭长应该审理象征性的案子，但是现在，庭长只是象征性地审理案子"。这意味着庭长较少具体审理案件，主要负责对业务庭的行政和业务双重领导。

在案件的繁简分流中，有一些重要的问题，如繁简案件是如何定义的？繁简的比例又是如何确立的？从规范性的程序正义（贝勒斯，2005：2）角度来看，案件无论繁简都应该按照程序规定不折不扣地加以处理，这样才符合纠纷解决过程中程序正义的要求。但在实践中，根据案件的繁简程度不同而采取不同的程序操作却是基层法院纠纷解决的常态。那么，什么是繁或简？在 A 县人民法院，一般将婚姻、借贷这些法律关系相对简单的案件视为简单案件。但同类案件中的不同个案，归入繁或简，主要还是凭立案法官或简案组法官的大致印象，所以有可能有些案件刚开始以为简单，但在审理过程中才发现比较复杂。当发生这种情况时，简案组也只能接手到底，按规定不能将复杂案件中途推给业务庭。在繁简案件的分流比例上，一般来说某一时期内繁简案件的发生不是人为可控的。有可能这个月立案的案件都是简单的，下个月的案件都是复杂的，那 60% 左右的分流比例如何来确定？对此，A 县人民法院是根据简案组法官人数和上一年的业务量来规定这个比例。例如，2016 年简案组法官的工作指标是处理 60% 的案件，但实际处理了 65% 的案件。那么，2017 年在人数不变的情况下，任务指标就会略有上升，比如升为 62%。也就是说，案件本身的繁简并不是最关键的，在任务指标上升的时候，一些复杂的案件也可能被简案组拦下，而在任务指标下降的时候，一些很简单的案件也会被简案组故意放过。为了达到 60% 的比例，简案组有可能在这个星期拿 50% 的案件，下个星期拿 70% 的案件，只要保持全年的比例是在 60% 左右即可。因此，这个 60% 的比例并不是按照案件本身特性来定的，繁简分流的比例取决于简案组和业务庭各自的任务指标。可见案件走何种程序解决纠纷一定程度上还受制于法院各个业务部门的工作指标。在案件本身的特点之外，上述依工作指标来区分案件繁简的现象，可称之为"指标约束下的繁简分流"。

## 第二节　业务庭的纠纷解决

在程序环节上，业务庭不像简案组需负责案件材料的送达。移交给业务庭庭长的案件已附有送达回执等材料。在案件处理上，接下来要做的是分配案件给各个主审法官以便按期开庭审理。总体上业务庭的案件较为复杂，经常需要组成合议庭来审理案件。合议庭一般由三位法官（含人民陪审员）组成，并由庭长事先指定主审法官。主审法官在开庭前需详细阅读起诉书、证据等相关材料，对案情有基本的了解，E法官说："虽然现在不需要法官亲自去取证调查，但仅仅靠当事人当庭陈述举证也是不够的，所以在开庭前总是要做些准备工作，对怎么判有个基本的思路和想法。"有时，法官在开庭前也会和当事人有所接触，询问一下当事人的想法，如对案件调解的心理底线、条件等。调研发现基层法院的业务庭法官们普遍抱怨案件太多，压力太大，疲于在法官办公室和法庭之间奔波，一个星期每位法官开四五次庭十分普遍。

上一章简案组的案件绝大多数都是通过简易程序审理，程序运作上有较多灵活变通之处。业务庭的案件既有通过简易程序审理的，也有通过普通程序审理的。考虑到行文安排，本章对业务庭程序运作的分析集中在普通程序上。一般来说，"普通程序被视为民事诉讼最常规或标准的程序，民事诉讼的基本立法和学说体系都是以这种程序作为主体而构成的"（王亚新，2003）。I法官说："判决是怎样炼成的，是通过法律规定的程序，通过举证质证，结论是由一系列程序出来的，这就是公正的。"因此，分析基层法院案件审理实践中的普通程序，将有助于理解规范的纠纷审理程序流程是如何真正运作的。

## 一　程序的双重语言解释

开庭审理时法官面临的第一个困境在于基层法院面对的很多当事人是第一次来法院打官司，并不了解法院的程序规范，法官需要对庭审程序作出一定的解释之后，整个庭审才有可能进行。如按照庭审程序规定，开庭之后需告知当事人在法庭上的权利和义务。如E法官说："权利和义务的告知在开庭的时候有个模板……按正常呢，所有案子都要交代的，但是说实话，有些人呢，你跟他交代也是不懂的，你越交代，他越糊涂。比如要不要回避，有时关于'回避'就要解释好长时间。"

在程序正义理念（徐亚文，2004：10）看来，申请回避等权利是庭审程序中当事人最基本的权利。但问题在于，"回避"等司法术语并不是一开始就能被普通老百姓所接受，进入普通人的生活世界和语言范畴

（哈贝马斯，2003：5）。这些术语需要法官或律师等法律人将属于法律世界的语言翻译为生活世界的语言，才能和普通老百姓的生活经验建立起联系，庭审程序也才能继续（朱涛，2015）。因此对程序的解释，法官需将法律人都明白的法律术语，用简单的生活语言表述出来让老百姓听懂。比如"申请回避"，法官在交代完当事人的权利和义务之后会说："申请回避也是当事人的权利，那么请问（原告、被告）是否需要申请回避？"有些当事人想都没想就说"要"。为什么呢？L法官分析说："绝大部分老百姓，尤其是第一次打官司的老百姓，他是不懂的。你问'要不要回避'，一般人说'要的'。他还是这么一种意识，以为权利不要的话就会吃亏，而他又不了解这个东西，总以为你法官说'要不要'，他肯定说'要的'。要总比不要好。那么我们法官要用通俗的语言（再次解释）。"法官必须要用生活化的语言来释明，J法官是这样解释"申请回避"的："回避的话，一般涉及家属亲戚朋友，要回避的。"或者如L法官所说："回避的情况，是有利害关系会影响审判的，你（当事人）可以提出来。"

又比如询问是否同意简易程序，普通老百姓对简易程序和普通程序的区分并不清楚，法官在这儿的解释也很有意思，用最直观的"三个法官审理"和"一个法官审理"来作说明。E法官指出，"我们怎么和他们讲呢？事实争议不大，法律关系比较明确，这个案子可以申请简易程序。他（当事人）说，我们案子争议很大，怎么会'不大'呢，你这么和他解释永远解释不清。那我们就（换一种方法）说，简易程序呢是一个法官审的，普通程序呢是三个法官审的。对简易程序你有没有异议？那么，他想个半天，有些时候他还是有异议的。有时，你再跟他解释一下，还是会同意（简易程序）的。说实话，我们这么解释也是有问题的，（本来）不能这么解释的，本来应该要按照法律来解释。"

在庭审过程中，类似程序术语的生活化解释比比皆是，表现在很多方面。J法官举例说："我们有些法言法语，如'陈述'，什么叫陈述，他不知道。'讲，说一遍'，他就知道了。我和他们解释'质证'，对证据有什么看法，他才听懂的。但怎么质证他也不懂。（那我解释说）证据有三性，合法性、真实性、关联性。什么叫合法性，来源合不合法等，我们会讲的呀，为当事人做解释。但这种庭开起来很累的。我们要不断地解释，否则没办法开庭了呀，办不下去的。"

按照司法程序要求，法官在法庭上应是严肃的法律人，代表国家的司法权威，在履行程序时需"法言法语"。"司法语言有助于产生中立化和普适化效果"（布迪厄，1999：504），是彰显程序正义的有力工具，但在基层法院的法庭空间中，当冷冰冰的"法言法语"和活生生的"生活语言"遭遇时，"法言法语"并不占优势，甚至难以成为法庭语言的主流。相反，法官或律师需要不断地用生活语言来释明程序上的法言法语。在庭审过程中，这两套语言就这样并行不悖地同时运行，国家的司法权威和普通老百姓对司法的陌生感在法庭上相遇。G 法官说："按照现在的司法要求呢是法言法语。但实际上在我们审判、办案过程中的话，现在老百姓的一些法律意识，包括其他的一些观念还没有完全转变过来……你用法言法语，他可能就听不懂。甚至说，按规定的话，我们在开庭的时候应该用普通话，但是说了普通话以后，他们听不懂。同样说一个意思，方言的话就听得懂，而普通话老百姓听不习惯，听不懂。这个和我们现代法治的要求有脱节的地方。但我们平时，一般都是通过方言的形式向他们（老百姓）再解释一下。这样的话，实际上在案多人少的情况下增加了我们的工作量。"

对普通老百姓来说，要理解程序上的法言法语存在双重障碍。首先是方言和普通话之间的差异。一个词、一句话，方言和普通话的表述不同并不仅仅是发音，更重要的是"习惯不习惯"带来的语言背景和意义理解的差异。其次是生活语言和法言法语的差异。法言法语的抽象性剥离了语言和生活世界的直接联系，使老百姓从语言上就对法院，对法庭的纠纷解决感到陌生和不安。由此，上述法官们的"双重语言解释"在现实的庭审中不仅需要，而且已经成为必要。J 法官指出："当事人可能因为文化程度限制，老百姓或老年人听不清楚什么的，那我们必须用大白话或土话（方言）与他进行交流。让他明白权利义务到底有哪些。否则，相当于我不懂英语，你用英语和我说，鬼知道你说的有哪些啊。"

语言是沟通的工具，沟通成问题，法院要稳妥地解决纠纷几无可能。对法律术语的解释，方便了当事人理解诉讼程序，却使法官感到难以用语言来显示法律程序的严肃性，对术语的解释不仅成了庭审工作的额外负担，也在解构着司法程序。

## 二 被解构的举证规则

证据是法官确认案件事实的基础。最高人民法院《关于民事诉讼证据的若干规定》（2001）（以下简称《若干规定》），对庭审中证据的应用提出了较高要求。但在庭审实践中，普通老百姓对此规定屡屡"违反"，这成为诉讼程序运作中出现的又一难点。M法官说："审判难呢，实际上是（当事人）证据意识欠缺……举证规则宽松地使用，为什么呢？就是中国特色，司法素质的问题。因为假如我们用严格的证据规则去套，那法官庭审就是堂上问案，你有证据拿来，没有就会吃亏。可能我们法官觉得是法律事实，但老百姓追求的呢是客观事实。"

在证据规则的应用上，首先是有没有举证。《若干规定》第一条指出："原告向人民法院起诉或者被告提出反诉，应当附有符合起诉条件的相应的证据材料"。第二条指出："当事人对自己提出的诉讼请求所依据的事实或者反驳对方诉讼请求所依据的事实有责任提供证据加以证明。没有证据或者证据不足以证明当事人的事实主张的，由负有举证责任的当事人承担不利后果"。可见，"司法现在要求他们自己先完成举证的义务，他必须同司法合作来完成司法的任务"（苏力，2000：235）。但在实践中，举证是基层法院法官很头疼的一件事情，很多老百姓来打官司是没有证据的，只是凭自己口头说说，F法官举例说，"让老百姓举证……原告就说'反正我们讲的话都是事实嘛，还要证据的啊？'（可是如果）他不提交证据的话，他就要败诉的。"证据直接关系到对法律事实的认定，I法官语认为，"跟案件审理相关的主要事实，甚攸关双方当事人胜败的事实，法官一定要调查。这在任何一个制度，任何一个法系的国度下都是一样的"。关于查清事实，G法官指出，"举证规则，实际上是什么时间你必须要提交证据，你不提交的话，就丧失这个权利了……但是，我们还有规定要查清事实，所以现在办案还是以查清事实为标准……我们现在要做到尽量接近客观事实，法律一般不可能达到完全客观真实的，所以只能做无限接近，是个趋向问题，不可能完全一致。"

其次是举证是否在举证期限内。《若干规定》第三十四条指出"当事人应当在举证期限内向人民法院提交证据材料，当事人在举证期限内不提交的，视为放弃举证权利"。这意味着只有在法律规定的时间内举证，证据才是合法的，才是合乎程序要求的。但在实践中举证期限很难严格操作。

> 最高法院说什么证据规则啊，很理想化的，但一旦操作起来，比如说举证期限，给你5天、7天，过期就放弃权利。如果法官这么判，老百姓管你什么事情啊……（比如）不举证，你说他败诉，他（老百姓）马上跳起来，说你这个法官乱判，不公正的。所以说，我们好多规则说起来很空的，老百姓他不举证，法官怎么办？按证据不全（处理），还是你帮他调查，代替他去举证，你说怎么办？如果法官以证据不全判决驳回，当事人上诉，中院改掉，说关键事实还没有查清，怎么办？所以好多法官操作起来，特别是庭审中举证质证的时候，尤其举证的时候，非常麻烦。（I法官语）

G法官将举证难现象归结于老百姓的"诉讼意识"（梅丽，2007），他说："一般老百姓来打官司……关键还是诉讼意识，就是老百姓的法律意识，或者说文化程度这些方面还没有达到像现在规定的要求。比如举证规则要求给他30天的举证期或者怎么样，但老百姓他这个意识还没有完全转变过来。"

那么，举证超出了举证期限，法官怎么办？法官们在庭审实践中遇到这样的情况很多。E法官指出，"有些当事人，叫他举证期内举证他不举证，到开庭了，拿着一张欠条什么的上法庭了，你说采用不采用（这个证据）？只能采用，你不采用的话，老百姓和你在法庭上拼命都有可能，他可不管有没有举证期限限制这种事情。"

> 举证期限30天，30天内他不举证的话，就超过举证期限。好多当事人都是不懂的。再三跟他们讲，他们还是不懂的。到时候超过30天，他提出来有这个证据，你不去采纳的话，总还是觉得不合理。我

们现在的标准是法庭辩论以前提交的且这个证据和案件的最后结果有利害关系的。我们好多案子还是给延长举证期限的。(F法官语)

举证规则很难把握主要是因为当事人素质参差不齐。所以在举证期限上……有的虽然已经超过举证期限，但还是给他们延长举证期限……针对案子的不同情况，这个举证规则，我们有时候操作得还不是很严格的。(D法官语)

可见庭审实践中举证规则的操作，服从的不是文本上的审理程序规定，而是审理的实际需求。在没有举证或举证超期限的情况下，如果完全按照程序规范去判，没有按期提交证据的老百姓是要败诉的。基层法官判案不仅要考虑法律效果也要考虑社会效果。在法律效果上，强判也许能起到一定的宣传作用，对不讲证据就来打官司的老百姓是个警示，"必须收集和保留现代司法可能处理和可以辨识的证据，没有这些证据的生活是危险的"(苏力，2000：236)。但从社会效果来看，老百姓不满意就要来法院闹事。J法官就说，"我们法院一年到头好几次被老百姓上门来闹的啊"。基层法院的为难在于完全按法律程序办，老百姓不满意，政治上"司法为民"又怎么说得过去呢？但如果忽略程序规范，那么法治的纠纷解决秩序又如何能够建立？I法官的说法很有代表性："你说庭审程序呢，举证规则是我最大的感叹。我作为法官，在西方的制度和中国的乡土之间徘徊。至少我是真的在徘徊。想用这个制度办事，但是又碍于(现实)很难操作。"

在实践程序规范的过程中，由于大部分老百姓缺乏证据意识，基层法院的法官对应用证据规则非常头疼。M法官举例说："你碰到老百姓，你跟他说什么诉讼法，跟他讲证据规则，他肯定不会接受的，会觉得这个法官在忽悠我。你得跟他讲得很具体，比如说基本证据这一块，你借钱要借条的，没借条的，你怎么起诉啊。就是要求他们在搜集证据、固定证据这块上有所作为。你说受到损害的，你及时向110报警啊，110出警的勘验笔录也好，双方回去做的笔录也好，都有证据的。证据对审判有帮助的。是不是啊？但老百姓不晓得怎么固定证据的啦，只晓得我冤枉的，我诉讼，你们要给我回复的。他（老百姓）这点是比较朴素的一种诉讼意识。"

### 三　当庭质证的困境

在庭审中，举证和质证是两个前后衔接的程序。按照规定，举证之后只有经过当庭质证的证据才具有法律效力，才能被用来确认事实。《若干规定》第四十七条指出："证据应当在法庭上出示，由当事人质证。未经质证的证据，不能作为认定案件事实的依据"。较之以往的法官直接调查取证，质证这一程序反映了在证据采纳上的进步。G法官说："像以前的话，我们法院法官下去调查取证，一个证据取来以后，我就不管了，当事人之间我就不联系了，然后我就按着这个（证据）判了，这种情况以前是存在的。但是现在程序意识，现在法官的证据意识比以前的法官更强了。没有经过双方当事人的当庭质证，这个证据是不能被采信的。"

那么，究竟是依据规定所有证据都要"当庭质证"才能采信呢，还是法官会根据案情来适当地通融？实践中，法官显然有自己的考虑。G法官的观点是："法条上说是要经过当庭，如果单纯从字面上去理解的话就意味着开庭啊。开庭的话呢，现在案子这么多，我们法官有时间，但开庭的地方不一定有时间啊，书记员不一定会有时间啊。那么这个问题怎么办呢？我（征得当事人同意）转换一种方式，采取一种灵活变通的方式。比如第一次开庭的时候把所能走的程序都走掉（完成），单把这步（质证某些证据）留下来，然后我到时候采取一种变通的方式。比如我今天有时间，我跟当事人或者律师联系一下，说这个证据已经调查取来了，或者鉴定报告结论、审核报告结论已经出来了，我在办公室把当事人叫来（质证）。这个实际上，我想并不影响到当事人程序的权益，并不实质上影响他最终的实体性的权益。作为我个人在办案的时候，我是这样在操作的。"

可见，当一次开庭不能结案时，当庭质证的规定往往意味着法官还需要对案件再次开庭，这很容易增加法官的审理工作量。在G法官看来，只要不影响当事人的实体权益，对程序的变通完全是可以的，这也是在"案多人少"的情况下法官采取的现实策略。

在我国的民事诉讼中，"以事实为依据，以法律为准绳"是基本原则。经过质证后的证据是确认事实的合法依据，那么这里的"事实"，究竟是法律事实还是客观事实？H 法官认为："尽最大限度地追求客观真实，这个是毫无疑问的。作为法官，不可能所有的事情都跟在老百姓的屁股后面。（老百姓）他们的一言一行，我们法官不可能都知道……主要还是通过一些证据啊或者什么……尽最大限度追求客观真实。但是有些情况下，老百姓可能证据也没有，而我们所认定的只是一个法律事实，但法律事实在有些情况下可能和客观事实刚好相反，那么这样一来老百姓更加不理解，社会也不理解。我想，实际上老百姓对法院的意见，一个大的方面和这个是有关系的。"

对法官来说，在法律事实和客观事实之间存在一定的距离。法官也希望最大限度地追求客观事实，但问题在于客观事实没法真正还原，更何况是在法官很少有可能亲自去调查取证的现实下。I 法官认为，"庭审中存在确认事实的问题，我比较超脱，不喜欢为了摸事实深入下面基层去调查，我不太喜欢这样做。有时候，案子你越调查越糊涂，越难中立，你调查当中，实际上就是一个单方接触过程，很容易造成你对某些案子'先入为主'"。

多数情况下法官只能倚赖当事人提供的证据材料来还原某种事实。"法官所追求的不过是相对的事实——透过当事人的诉讼行动所设定的界限里，能够得出的相对事实"（韦伯，2005：222）。由于证据的采信基于法律程序的规范，因此此种意义下的事实是法律意义上的。不过，证据规范下的法律事实在现实中也会遭遇尴尬。举例来说，A 客观事实上欠 B 钱，但 B 拿不出欠条怎么办？如果 A 又是能说会道的，利用法律（with the law）的话（尤伊克、西尔贝，2015：191），那 B 怎么办？如果法官轻易判证据不足，那么老百姓对法院的不满就会集中地在法庭上表现出来。G 法官指出，"有些当事人能说会道，像以前的讼师那样特别能干，打官司特别能说会道。而有些人呢，他不一定会说。说了以后呢，他不一定说得准。这样一来呢，假如真的到了法庭上，判决结果可能就和事实正好相反。这样一来，老百姓就对法院有意见，或者由此对承办法官甚至可能会采取一些极端的行为"。

在确认案件事实上，诉讼程序规定下的法律事实是一回事，普通老百姓眼中的事实又是另外一回事。F 法官认为，"讲是讲'以事实为依据',但事实呢,老百姓说'我讲的就是事实'。或者说,'(法官)你不知道的话去问我们村里隔壁邻居,他们都知道的呐'。那我们法官呢,只能够以证据为事实⋯⋯他们(老百姓)理解的事实呢,跟我们法院的理解是不一样的"。

举证、质证来确认案件事实,司法设计的程序步骤在实践中被不断解构。如果说举证的不规范主要归因于老百姓(当事人)的诉讼意识,那么质证的变通则是由法官和老百姓双方"合谋"而成。老百姓眼中的事实并不会因为举证质证而有所改动,其关心的是案件审理的结果;而在法官看来,质证程序过于刻板,只要不影响老百姓的实体利益,对于质证程序的变通就可以。在上述结果取向的思维下,对程序本身的关注被弱化。

### 四 合议庭的形式化

业务庭的案件很多采用普通程序由合议庭审理而不是法官独任审理。在 A 县人民法院,合议庭一般由三名法官组成,其中一名是主审法官,但不一定就是审判长。E 法官说,"(合议庭)肯定有主审人,也要挂名个审判长。审判长,我们法院副庭长以上的直接就具有审判长资格,还有呢,是任命的审判长。那我就不是,我是助理审判员,我没有资格当审判长。我在什么情况下可以当审判长呢,只有我带两个陪审员的情况下,我可以当审判长。按规定陪审员的地位是和法官一样的。很多案子上面也有考核,就是有陪审员参加的案子,必须达到多少的比例。我们法院还专职招了一批陪审员"。

从程序设计的角度看,案件审理采用合议制并运用合议庭方式是为了使合议庭各成员发挥整体才智、业务优势,防止审理工作中的专断和司法腐败。一般来说,按程序规定,合议庭在形成最终判决之前要由合议庭成员就案件充分交换意见并进行讨论。但在实践中,合议庭往往并没有真正合议,形式化的操作十分普遍。

首先,合议庭的形式化体现在合而难议,主审法官主导案件审理。由于对案情比较熟悉,主审法官对案件的意见往往是决定性的,而其他两位法官形式化的意见比较常见,很少有所谓的不同意见。造成这种现象一方面是由于对案情不熟悉,即其他两位法官确实对案情不是很了解,也没有时间和精力去了解;另一方面,合议庭主审法官承担了案件的办案责任,其他法官责轻权不重,附和主审法官的意见也是表示支持。这种合议庭合而不议的现象长期被司法理论界所诟病(廖永安、李世锋,2008),但在基层法院的法官看来这似乎并不成为一个问题。H 法官说:"一般实际上问题也不是很大……比如说被告下落不明的,涉及民间借贷,钱肯定要还的,它只不过是因为(被告)下落不明才组成了合议庭①……有些复杂的案子确实是难以认定不能达成一致的,那合议庭的成员还是要讨论的。但是主审人的意见,因为一开始主要是他负责的,所以意见是比较重要的,但其他人若有不同意见,合议实在不一致,还有审委会啊什么的,可以通过这些程序来(判决)。"

其次,合议庭的形式化还体现在补做讨论笔录,使得在文本痕迹上符合程序要求。E 法官举例说:"案子办得怎么样是由主审来负责的,包括所有的判决文书啊等都是主审负责。案子判错的话也是由主审负责。审判长只是挂名……合议庭通常都是一个人弄好,然后大家签字……我们(县人民法院)这边还好一点,在派出法庭是书记员根据判决书拟一份合议庭讨论笔录,再签一下名字……合议庭的笔录只是根据判决书调整一下说法。严格来说,当然是要真正合议才正规,但案子太多了,不可能这么做……一个案子开始,每一步都要合议,合议的次数也多,谁吃得消啊。"

上述现象并非 A 县人民法院独有,在全国许多地方的基层法院都存在类似现象,"要求合议庭正正规规坐下来评议案件的情况已经很少,经常以口头征询各成员的裁判结果意见,或者承办人起草判决书后,交各成员签署,然后等正式文书由领导签发后,再补抄一份评议笔录。有的承办人则干脆在领导签发后,再交其他承办人签署和补抄评议笔录"(廖永安、李世锋,2008)。可见为了不在程序上被合议庭的程序要求所拖累,事后补做讨论笔录等材料成为法官们实践中的通行做法。

最后,合议庭的形式化还体现在合议庭并不能真正决定案件的审理

---

① 意思是由简易程序转为普通程序,这样审限可以由原来的 3 个月延长到 6 个月。

结果。合议庭合议案件后需向庭长、（分管）院长请示汇报。合议庭拟定的判决、裁定等法律文书必须经庭长、（分管）院长审阅签发才发生法律效力。庭长、（分管）院长可对案件的审理结果提出个人意见进而影响合议结果，但法律文书上的签名仍是合议庭法官的签名。这种司法行政影响案件裁判的情况，不仅不利于审判的公正和效率，同时也影响裁判责任的落实。

表面来看，案多人少导致法官缺乏时间和精力去合议是合议庭形式化的直接原因。但深层的合议庭的形式化至少源于两个具体原因：一是法院的党政管理体制影响到合议庭的审理实践。制度不仅包括作为一种状态的制度，还必须包括作为一种"过程"的制度（斯科特，2020：60）。在合议庭内部，虽然法律规定每位法官具有平等的审理权，但实际上审判长或主审法官的审理权要大于其他法官。合议庭和谐地达成一致意见被看成业务配合得好，而发生不同意见的争执则往往被看成合议庭能力不强。再加上主审法官负责案件的审理责任，因此附和主审法官的意见也就成了稳妥选择。二是合议庭审理有时是为了延长审理期限。很多案件本来是以简易程序处理的，但由于程序操作上的种种原因导致时间拖延，很快就要超出3个月的期限。为了延长审理时间，法官往往赋予普通程序合议庭的形式，实际上仍是某位法官独任审理。这样，法官有了利用程序来减轻审理时间压力的机会，至少可以把棘手的案件暂时先放一放。

综上所述，在业务庭的审理流程中，无论是程序解释、举证质证，还是合议庭的审理都存在着多样的程序解构和变通。在上述总体的阐述之外，下面将结合劳动争议类案件来表明程序是如何被实践和应用的。

## 第三节　业务庭的审理

劳动争议一般指劳动者与用人单位之间发生的纠纷。劳动争议类案件主要集中在经济发达、工业化程度较高、流动人口较多的地区，近几年A县这类案件增长很快，成为当地人民法院审理的热点案件。劳动争议类案件的主要类型有：劳动合同争议、事实劳动关系争议、工伤赔偿、欠薪。虽然这类案件案情并不很复杂，但在司法程序上却存在诸多操作难点，历时较长。一般地，劳动争议类案件的处理程序可概括为"一调解二仲裁三审判"。劳动者与用人单位间一旦发生劳动争议，当事人可通过协商解决，也可通过劳动争议调解委员会调解解决，还可向劳动争议仲裁委员会申请仲裁和向人民法院提起劳动争议诉讼来解决纠纷。当事人一方可以不经调解直接向劳动争议仲裁委员会申请劳动争议仲裁，但不能未经劳动争议仲裁直接向人民法院提起诉讼。劳动争议仲裁是劳动争议案件进入诉讼的必备前置程序。未经仲裁而直接起诉的，人民法院不予受理。因此进入法院的劳动争议类案件都已经历"仲裁前置"程序，因对仲裁不服，当事人向法院提起诉讼。

### 一 案件的类型

根据劳动争议类案件的主要类型，本章从调研整理的案卷中梳理出四个典型案例。

（一）劳动合同类——原告飞达集团诉被告李娟①

被告李娟丈夫张某原系飞达集团职工，1997年6月张某在工作岗位上因病死亡，在处理张某善后问题时，飞达集团与李娟签订了一份"善后处理协议书"，该协议第二条规定：安排李娟顶职进厂，招为合同制工人。此后，厂方于1997年7月与李娟签订了一份正式劳动合同，合同期限至李娟退休为止。2002年7月飞达集团根据县体改委批准改制，2004年5月，飞达集团以李娟旷工为理由，发出《关于终止李娟同志劳动关系的通知》。

李娟不服，于2004年10月向县劳动争议仲裁委员会提出劳动争议仲裁。仲裁委员会裁决后，要求飞达集团撤销《关于终止李娟同志劳动关系的通知》的决定，并继续签订劳动合同至退休且赔偿一定的生活费用。对此，原告飞达集团不服裁决，诉至法院。

法院在审理中认为，按照县体改委文件的规定，深化完善改制前的

---

① 本案和下文的"兽医站案"，同属于改制遗留问题案件。

企业的债权债务由深化完善后的企业继承。被告与原告改制前企业签订的劳动合同终止后，原、被告方应当重新签订劳动合同，继续履行原劳动合同的义务。另外，原告不能提供相应的有效证据证明被告旷工的事实，故原告发出的终止劳动合同关系的决定不符合法律规定。因此，法院的判决意见维持了当初的仲裁决定。

一审判决后，飞达集团上诉至中院二审。二审维持了一审判决，理由在于飞达集团当初招李娟为合同工，是为了落实其丈夫因公死亡的待遇，以改制为由终止劳动合同关系不符合法律规定。

（二）事实劳动关系类——原告热利太阳能有限公司诉被告王香

被告具有一定的销售渠道，原告法定代表人曾经向被告出具《关于聘请王香为业务部经理的具体意见》一份。此后，被告不仅为原告销售产品，还联系他人为原告打开外地销售渠道。2009年后双方终止合作关系，被告以拖欠工资和相关福利为由向县劳动争议仲裁委员会申请仲裁。仲裁后裁决原告向被告支付工资、福利和经济补偿金。原告不服，起诉至法院。

法院在审理中认为，被告为原告销售和联系销售渠道的事实清楚，虽然原告出具的《具体意见》不是正式的劳动合同，但双方间劳动合同关系的意思表示却是明确清楚的，故原被告之间存在事实劳动关系，从而判决原告向被告支付各种费用。

（三）工伤赔偿类——原告秋明纸业有限公司诉被告孙雪

原被告双方有劳动合同，2003年10月23日被告在工作中受伤。治疗痊愈后，双方于2004年3月8日自愿签订一份工伤事故处理和解协议，约定被告继续在原告单位工作，具体工作另行安排，工资为每月700元等。事后，被告反悔并向A县劳动争议仲裁委员会申请仲裁。仲裁认为双方签订的和解协议属于误解，内容显失公平，从而裁决原告一次性支付被告工伤事故赔偿款93090元。为此，原告对仲裁不服，依法向人民法院提起诉讼。

起诉后，原告要求对被告的伤势重新鉴定。在第一次开庭审理中，法官同意了原告方的请求，对被告的伤残等级进行重新鉴定。之后，又组成合议庭对本案二次开庭审理。法院最后认为，被告在原告企业内工作期间，因工作原因受伤，事实清楚，证据确实，应当认定为工伤，依法享有工伤保险待遇是被告的合法权益。原被告于2004年3月8日所签订的和解协议是在被告伤残程度尚未进行鉴定的情况下达成的，属于重大误解，被告依法享有撤销权。由此，判决原告方败诉，履行工伤赔偿义务。当然，鉴于原、被告之间紧张的纠纷关系，法院支持被告要求终止与原告劳动合同关系的请求。

（四）欠薪类——原告中商集团有限公司诉被告林丽

被告在休病假3个月后正常上班，原告自被告病休开始没有继续发放工资。法院审理认为，在被告病休期间，原告未按《××省企业工资支付管理办法》规定的标准支付病伤假工资，后又不向被告发放其正常上班的当年12月份的工资，侵害了被告的合法权益，被告可依劳动合同的规定，随时解除劳动合同。被告以向县劳动仲裁委员会申请仲裁的形式解除与原告的劳动合同，符合合同的规定，也符合法律规定。法院最后判决原告向被告支付解除劳动合同的补偿金以及拖欠的病休工资和12月份的工资。

上述四类劳动争议案件，表面上纠纷双方在法律上的关系是平等的，但实际上双方力量悬殊，存在不平等关系。用人单位无论在人力、物力、财力上都要优于劳动者个体，而劳动者一方往往是"弱势群体"，典型的如工伤类案件中受伤的一方。H法官长期主审劳动争议类案件，他的态度是："这方面，我主要还是替他们弱势群体考虑……在法律规定的范围内，尽量帮他们多争取一点。一方面呢，本来《劳动法》的意思也是隐含在那里的……法律规定范围内的，我们肯定是尽量多争取的。另一方面呢，也不排除极少数的当事人他故意制造伤害。"

很明显，劳动争议会造成劳动者和用人单位的紧张关系，因此在实际的审理中，L法官通常的做法是："我在判案中，首先问劳动者，是否还想在原单位工作？如果是，主张调解，判决反而会害了他，因为这使老板不舒服的。如果不想干了，尽量保护劳动者、打工者的利益。"由于劳动争议类案件涉及劳动者的基本生存权益，因此法官在审理中不得不更加谨慎行事，特别是要避免引发劳动者因不满判决而进行的"维权抗争"（Chen，2003）。有研究表明，当"依法维权"成为国家的主导意识形态及社会治理方式时，工人也会拿起法律武器，而只有真正实现"依法治国"才能使国家制度化吸纳社会的"依法抗争"（Lee，2007；程秀英，2012）。总体上，制度内法律维权可以破解依（以）法抗争的多重困境，有利于营造更好的法律环境（管兵，2015）。

## 二 被利用的司法程序

在劳动争议类案件中，以最为典型的工伤类案件为例，其程序有四个关键环节：一是工伤和等级认定；二是仲裁前置程序；三是审理中的举证责任分配；四是二审终审。

首先，工伤和等级认定是处理工伤案件的基础。从法律关系来看，工伤案件并不复杂，正如F法官所说："工伤这一块（类型）在劳动争议类案件中比例很大的。相对而言，工伤案件处理起来其实是比较简单的……因为它是劳动者工伤发生以后，先工伤认定；工伤认定以后，再委托等级认定。只要这两块认定结果都出来了，相关的赔偿数据一套都能套出来。工伤案件的认定不是很难。"

但在程序上，工伤和等级认定的程序可以走很长时间。例如对于工伤认定的结果，用人单位如果不服，可以提起行政复议；对复议不服的，可以向法院提起行政诉讼；对一审行政诉讼不服的，还可以提出二审。如G法官语指出，"工伤认定的这个程序太烦，对劳动者或者说弱势群体的保护是不是需要仔细考虑……工伤认定，首先一个，我们先不讲举证等，劳动者在认定工伤以后，用人单位不管是认定工伤也好，不认定工伤也好，首先允许当事人……申请复议这个程序，对复议不服的，你可以再向法院来起诉。复议前置，然后向法院起诉，向法院起诉以后呢，法院有一审二审……实际上工伤认定还只是工伤赔偿的第一步"。可见，仅仅是工伤认定，在程序上就可以走认定、复议、一审、二审这四个程序。而工伤认定之后，还有等级认定，用人单位如果存心要走程序的话，还可以再走一遍认定、复议、一审、二审程序。

其次，仲裁程序是劳动争议类案件包括工伤案件必须要走的前置程序，否则法院将以程序不符要求驳回起诉。劳动争议仲裁由劳动争议仲裁委员会负责,该部门设在县劳动局内。① H 法官说,"仲裁部门,他们仲裁者的基本素质还是(不够)……如果他们的力量能够加强,素质能够提高的话,那么我们法院的压力也就减轻了,劳动者的权益也能够及时得到保护……(仲裁部门)权威性不强,有些复杂的(案子)他们也不愿处理,意思是直接推给法院"。

依据《中华人民共和国仲裁法》的规定:"民事纠纷,当事人约定以仲裁方式解决的,人民法院不予受理"。即当事人处理民事纠纷,或仲裁,或诉讼,二者只能选择其一。而劳动争议案件必须是先仲裁后起诉。这样一来,劳动争议纠纷可能要经过仲裁、一审和二审程序。而一般的民事案件经过一审和二审程序即发生法律效力。"仲裁前置"的程序,直接增加了当事人的负担,不利于保护当事人的合法权益。

> 工伤赔偿的仲裁程序,通过仲裁后,仲裁不服的,又一审二审……花的时间很多。虽然现在法院的诉讼收费是降低了,但是对于整个过程,整个程序,一般老百姓是不懂的,他可能要请个律师或者怎么样。那么其他的费用,如请律师的费用,来去交通的费用,误工的费用,包括耗下去的合理的时间也是不得了……一个工伤赔偿案件要走完的话,一般来说总要两年啊……一些企业可能早就时过境迁了,就是说连被执行的主体到时候都不存在了。但职工他早已受伤了,伤残等级轻一点的,还稍微好一点,伤残等级重一点的话,那么这个人……(G 法官语)

可见,"仲裁前置"的规定使现行劳动争议解决过程的周期长、成本高。仲裁之后再一审、二审,全套程序可以合法走很长时间。在工伤赔偿案件中这对受伤者来说是非常不人道的。受伤者着急的是尽快拿到赔偿,程序若被恶意滥用甚至利用,事实上是对受伤者的一种制度性伤害。

最后,法院庭审中劳动争议类案件的举证和其他民事案件有所不同。在举证责任上,劳动者和用人单位之间的强弱关系是重要的考量。最高

---

① 劳动局属于机构改制前的名称。

人民法院《关于民事诉讼证据的若干规定》第六条指出："在劳动争议纠纷案件中，因用人单位作出开除、除名、辞退、解除劳动合同、减少劳动报酬、计算劳动者工作年限等决定而发生劳动争议的，由用人单位负举证责任"。一般来说，用人单位掌握着生产资料要素的配置权，劳动者的人事管理权和奖惩权，还决定着劳动者劳动力的内部调配。在劳动者和用人单位之间，劳动者是弱者，被管理者的权利容易受到侵犯，最需要得到法律的保护。基于这一点，在劳动争议类案件的举证责任分配上，应在公正优先的前提下，尽可能均衡双方的利益。在双方发生纠纷的情况下，则应侧重保护劳动者的利益。

> 劳动争议案件在法律上的举证分配，本身对劳动者是有（照顾）规定。比如说工资的认定啊，举证责任都是分配给部门、单位了。用人单位提不出证据的话，劳动者他的主张就成立了。我们现在就是说，严格按照举证责任来做的话……好多案件，劳动者的这种权利还是能够得到保障的。有时候，比如用人单位要开除一个劳动者的话，他（用人单位）要举证的。所以严格按照《劳动法》去执行的话，也能够保护劳动者的权利。（F法官语）

但在实际纠纷案件中，由于劳动者一方过于弱势，权利得不到真正保护的现象也很多。F法官注意到："实际上呢，劳动者权利常得不到保护，从我们法律上来讲呢，就是说有的用人单位举证责任没到位的也有；劳动者的案件被驳回的也有。"

此外，在一审之后，如果当事人一方不服提起二审上诉，也将在程序上大幅延长结案时间。J法官举例说，"有些企业啊，一定要钻法律的空子，那没办法。一审判决下来，提交二审。所以说对有些案件，我个人认为不需要二审终审，一审终审就可以。因为事实很清楚，这浪费司法资源啊。就是说，在证据很充分的情况下，经过院领导审核……绝对是可以一审终审的"。M法官也认为，"老板为了少付一万两万，宁可请个律师搞搞程序，上诉中院，中院上去肯定要两三个月才能下来。判决下来需要时间，执行还要时间。这个时间都是耗的啊……总体上么，我感觉对简单的劳动争议类案件，事实清楚，证据充分的，没有必要二审终审，不然给有些人钻法律空子利用，从而使弱势群体更弱势啊"。

可见，在复杂、长流程的劳动争议处理程序下，法官们清楚地意识到程序走得越长，对弱势的劳动者一方就越是不利，且实际上是给了强势的用人单位利用法律的机会（尤伊克、西尔贝，2015：300）。所以司法诉讼的胜败与个人能动性和时空场域中的偶然性有密切关系（陆益龙，2015：51）。如 H 法官所说："好多好多的程序，企业要是充分地利用，就是相当于玩弄法律了。"举例来说，一方面，一些企业利用低成本、低效率的劳动争议诉讼机制拖垮劳动者，迫使弱势的劳动者签订一些不利的调解协议；另一方面，企业利用这种方式来防止同类案件的连锁反应，甚至可能恶意起诉、上诉，拖延诉讼。这生动体现了关于正义的一句箴言：迟来的正义就是非正义。现有的劳动争议解决程序，对劳动者来说周期过长，效率较低；对用人单位来说，漫长的纠纷处理过程因成本不高可以被"利用"。在利用法律中，法律不仅是用来裁定具有利益冲突的纠纷的工具，其实际上也在创造当事人所追求的利益（尤伊克、西尔贝，2015：181）。

上述司法程序对劳动争议类案件的影响还只是就一般的程序流程展开讨论，实际上由于此类案件对程序的要求较高，存在很多的"机会"来影响案件的处理。下一章的"兽医站案"就是一个非常典型的例子。

# 第 六 章

# 纠纷解决的庭审程序运作

上两章对土地安置费类、劳动争议类案件的分析，初步展示了司法程序运作对于案件审理的意义。立案庭完成送达等程序之后，那些相对复杂的案件就被移交到业务庭等待审理。① 法院进行纠纷解决的空间也就从立案大厅移到了法庭。在整个诉讼程序设计上，法庭庭审是最核心、最关键的部分，也是最能展示程序正义的地方。本章将以 A 县人民法院民事案件中的一起大案——乡镇兽医站工作人员诉县农业局（简称"兽医站案"）为例，力图展示基层法院的审理程序及在其中弥散的权力逻辑和公平逻辑之间的竞争，从而揭示法律实践中纠纷解决所面临的多重困境。

在"兽医站案"的起诉书中，作为 65 名原告之一的丁顺木是这样陈述的：

> 原告系被告下属②的畜牧兽医工作人员，于 1969 年 2 月进入县畜牧兽医机构，被分配至当时的 Y 乡从事畜牧兽医工作。1990 年，原告从畜牧兽医岗位退休。退休后，被告一直以种种理由未发放退休费给原告，原告也没有享受政策和法律规定的相关退休待遇。
> 
> 原告认为，原告作为畜牧兽医站的职工，在达到法定退休年龄

---

① 如前所述，法院繁简（案件）分流之后，一个结果就是简案组和业务庭审理分开。在审理程序上，业务庭的案件多采用普通程序审理。

② 本案"下属"的含义很模糊，可以是领导、指导关系，也可以是在编人事关系，甚至还含有劳动关系。

后，依法享有领取退休费等退休待遇，被告县农业局应承担上述义务……为此，原告特向贵院提出诉讼，望判如所请。

需要说明的，这起大案事实上是一起群体诉讼案件，A县人民法院在处理本案时将其拆分为65个案件，即有65名不同的原告，但被告都是县农业局。在实际的庭审中，这65个案件分为三场合并审理。从案件起诉书来看，这似乎只是一起简单的要求解决退休待遇的案件，但在实际庭审过程中，随着程序的展开、证据的开示、事实调查的深入，案件变得颇为复杂。

## 第一节　庭审程序的实践

"兽医站案"由业务庭三位法官F、G和H组成合议庭，采用普通程序审理。下文所详细记录的是该案的第一场审理，由F法官担任审判长，他也是本案的主审法官。

在分析庭审程序之前，有必要了解法庭这一特殊空间或场景的意义，"每一种权力都有它所固有的场景安排，法庭无疑是法律运作所特有的场景之一"（强世功，2003：196）。在法庭上，法官端坐高台，[①] 身着制服，背后是庄严的国徽，代表了国家用法律的手段与技术解决纠纷的决心。而当事人的位置分立在法官席下方的两侧，与法官席保持同等的距离。福柯认为，法庭的空间安排意味着一种意识形态。首先，法官的位置表明他们对于每一方当事人都是中立的；其次，这意味着他们的裁决不是预先做出的；第三，这意味着他们有权执行他们的裁决（Foucault，1980）。

《民事诉讼法》对普通程序的开庭审理流程有详细的规定，正式庭审的第一部分是准备阶段，是进入法庭调查的前置阶段。

---

① 此处指法官的座位特意设置较高，和当事人不在同一视平线上。

## 一　准备阶段

（一）书记员宣布公开审理开始，宣布法庭纪律，请审判长、审判员入座。宣布法庭纪律：①未经许可，不得录音、录像和摄影；②不得随意走动和进入审判区；③不得随意发言、提问；④不得鼓掌、喧哗和实施其他妨碍审判活动的行为；⑤对违反旁听纪律的人，审判长或审判员、值庭法警应当劝告或者制止，不听者责令退出法庭，直至依法追究刑事责任。

由于本案原被告都有代理人出庭，书记员默认代理人都已经知晓上述法庭纪律规定，所以一开始就省略了宣布法庭纪律这一环节。另外，按规定法官的出席还有一个仪式，就是书记员请大家起立后，请法官出庭。但实际上，基层法院的法官往往都是早一步来到法庭。大家起立的时候，法官往往直接宣布开庭。

（二）审判长核对当事人及诉讼代理人身份，询问原告、被告或第三方对对方出庭人员有无异议。

审①：下面核对双方当事人的身份……

审：原告对（2013）××××—××××号合并审理有无异议？

原告：没有。

审：被告有无异议？

被告：没有。

审：双方当事人对己方及对方出庭人员的身份、送达地址，有无异议？

原告：没有。

被告：没有。

审：经审查，上列当事人及其诉讼代理人符合法律规定，可以参加本案诉讼。

---

① 指"审判长"，下同。

（三）宣布合议庭组成人员和书记员名单，询问当事人是否申请回避。

审：（敲法槌）A县人民法院民事审判第一庭现在开庭，根据《中华人民共和国诉讼法》第120条、第123条的规定，今天公开审理原告丁顺木诉被告县农业局劳动争议纠纷一案。根据《中华人民共和国民事诉讼法》第40条第1款的规定，本案由A县人民法院审判员×××组成合议庭审理，由书记员×××担任记录。依照《中华人民共和国民事诉讼法》第45条的规定，双方当事人对本庭审判员、书记员有申请回避的权利。当事人对本案审判人员、书记员是否申请回避？

原代①：否。

被代②：否。

（四）告知当事人有关诉讼权利和义务。

审：当事人对本院送达的诉讼须知，举证须知是否收到？

原代：收到。

被代：收到。

审：依照《中华人民共和国诉讼法》的规定，"双方当事人在法庭上的地位平等，有权在法律规定的范围内处分自己的民事权利和诉讼权利。双方当事人有权委托代理人，有权申请回避，提供证据，进行辩论，请求调解，申请执行等。双方当事人还可以自行和解，原告可以放弃或者变更诉讼请求，被告可以承认或者反驳诉讼请求，有权提起反诉"。同时，"双方当事人必须依法行使诉讼权利，遵守诉讼秩序，履行发生效力的判决、裁定和调解协议，未经法庭许可不得中途退庭，不然，原告退庭可以按撤诉处理，被告退庭可以缺

---

① 指"原告代理人"，下同。
② 指"被告代理人"，下同。

席判决"。

审：当事人对上述权利义务是否听清？
原代：听清。
被代：听清。

**二 法庭调查**

（五）宣布进行法庭调查。

审：依照《中华人民共和国民事诉讼法》第 124 条的规定，下面进行法庭调查。先由原告陈述起诉的事实和理由及诉讼请求。

（六）当事人陈述案件事实和理由、诉讼请求。按照先原告，后被告的顺序进行。

原代：原告系被告下属的畜牧兽医人员，1969 年 2 月进入县畜牧兽医机构并被分配至当时的各乡镇从事畜牧兽医工作。1993 年 2 月 6 日，农业部颁布实施《畜牧兽医站管理办法》，规定"乡镇畜牧兽医站是国家在基层的全民所有制事业单位，接受县畜牧主管部门和乡镇政府的双重领导，乡镇站编制应主要用于安排从事技术和管理工作的人员，编制内人员由录用制干部和聘用干部组成。乡镇站应安排好未进编的在岗集体人员、农业技术员的工作，可允许其留在站内从事服务或经营性工作，与编内人员统一管理、统一报酬"。其后，原告又重新被安排到畜牧兽医站工作。然而，该畜牧兽医站至今未经县人民政府依法批准登记并核发事业单位登记证，原告也没有完全享有《畜牧兽医站管理办法》规定的相关权利和待遇，原告的养老保险、医疗保险、工伤保险和失业保险等社会保险，均未办理。原告到达退休年龄后，被告继续要求原告从事畜牧兽医工作，没有为原告办理退休手续，致使原告无法享受退休待遇。原告认为原告作为畜牧兽医站的职工，依《劳动法》的规定享有用人单位为其办理社会保险的权利，原告在达到法定退休年龄后，依法享有领取退休金等相关待遇。现因各乡镇畜牧兽医站未经县人民政府批准依法成立，不具备主体资格，其上级领导部门县农业局应承担上述义务，为此原告向法院起诉要求解决。诉讼请求是：1. 要求原告依法享有从被告处领取退休费等退休待遇；2. 本案的诉讼费用由被告负担。

审：下面由被告针对原告的起诉事实进行答辩。

被代：我们认为：1. 本案被告不是原告的用人单位，与原告之间也不存在劳动关系，故被告没有为原告办理养老保险、医疗保险、支付退休金等社会保险的义务……县人民政府没有核发事业法人登记证，这并不能改变兽医站作为原告用人单位和劳动关系一方主体的历史事实，因为兽医站一直在按照事业单位运作。2. 原告要求"领导部门"来承担用人单位的义务，没有法律依据……兽医站接受县畜牧主管部门和乡镇政府双重领导。本案作为兽医站的领导部门与兽医站和广大兽医工作者具有深厚感情，也一直为畜牧兽医工作者争取经济利益，其中2003年在农业局的积极要求下，县人民政府出资83万元，对未定编兽医工作者进行一次性经济补助，如今兽医工作者反而把"领导部门"告上法庭……在法律上用人单位与领导部门是两个完全不同的概念，从来没有法律规定，如果用人单位没有主体资格，用人单位的社会保险义务由领导部门承担。故原告的要求于法无据，不能成立。3. 原告的情况，早就超过仲裁申请的时效。综上，我们认为原告起诉没有事实依据、法律依据，要求驳回原告的诉讼请求。

原代、被代陈述之后，审判长询问双方有无补充陈述。之后，审判长第一次归纳争议，认为本案争议的焦点在于各原告与农业局是否存在劳动关系，各原告之前提出的仲裁申请是否已经超过时效。

（七）举证和质证，针对证据的真实性、关联性、合法性。

审：下面由原告对其主张分别进行举证，请在举证每一个证据前，先说明一下证据的名称和该证据说明了什么问题，是否系原件，首先请原告举证。

原代：1. 检疫工作证一份（原件）；2. 技术职称证一份（原件）；3. 县畜字（1）号文件一份（复印件）。以上三份证据证明原告是畜牧兽医工作者且与农业局有劳动关系。4. 退休证一份（原件），证明原告退休的事实。5. 县农字（147）号文件一份（复印件），内容是关于实行兽医工作者职称工资的通知，证明原、被告的劳动关系。

审：下面由被告进行质证。

被代：关于原告提供的证据，对于证据1和2，由于该两份证据的发放部门是县人民政府和（原告所在）乡镇兽医站，而非被告发放的，故（被告认为）与本案没有关联性。对于原告的证明目的，我们认为原告想要证明原、被告直接存在劳动关系，我们有异议。对于证据3、4、5的证明目的也有异议，被告仅仅作为领导部门审核职称评定方法以及批准有关人员退休，不能证明原、被告直接存在劳动关系……这三份证据恰恰证明原告与畜牧兽医站发生劳动关系，而非与被告发生劳动关系。

审：下面由被告向法庭提交证据，并说明所要证明的事实。

被代：县人民政府发放一次性补助费清单一份。2003年1月县人民政府向原乡镇畜牧兽医站未定编人员发放一次性生活补助费，该证据证明对原告进行安置补助的不是被告县农业局，而是县人民政府。

审：请原告质证，原告有无异议？

原代：对于真实性没有异议，但这些生活补助费都是原告从县农业局直接领取的，我们对于这些钱最后由县人民政府财政来划拨没有异议，该证据恰恰证明原告是向农业局领取补助金，直接能证明与农业局存在劳动关系。

审：双方当事人还有无其他证据提交法庭？

原代：没有。

被代：没有。

审：双方当事人如认为事实陈述上有遗漏的可以补充，原告有无补充意见?

原告:没有。

审:被告有无补充意见?

被告:没有。

审:双方当事人是否需要发问?

原代:没有。

被代:有的,我需要向原告发问,原告在工作期间的工资是由谁发放?

原代:兽医站发放的。

**在举证、质证之后,审判长依职权继续进行法庭调查。**

审:兽医站的来源?

被代:兽医站从20世纪50年代就存在,从现有文件看,兽医站1980年之前定性为民办公社兽医站,1980年定性为集体事业单位,实行独立核算、自负盈亏,1982年定性为基层集体单位,1993年农业部出台新的规章,确认兽医站为全民所有制单位,而1995年县委、县政府发布文件,撤销了兽医站。

审:县政府撤销兽医站之后,有无其他新设机构?

被代:这个问题不清楚。

审:各乡镇兽医站、兽医联站、协会之间是什么关系?

被代:兽医协会是民间团体,兽医站和兽医联站是全民所有制事业单位,不同的主体。

审:被代你刚才陈述农业部出台新规章,进行了相关调整,这个调整是否进行登记?

被代:我们发现的情况是没有经过人民政府事业法人登记。

审:兽医站和兽医联站财产的调配情况?

被代:各乡镇的兽医站都是独立核算,自负盈亏。

审:他们的收益上交哪一方?

被代:不上交的。

审：按照原告的陈述，他们没有得到安置，县人民政府有无作出安置处理？

被代：2001 年农业局得知原告的情况，就向县人民政府为原告争取有关待遇，2003 年 1 月县人民政府划款对原告进行安置。

审：下面法庭核对一下当事人的工龄等情况。丁顺木，1969 年 2 月进入兽医站，工龄 21 年，退休年份 1990 年。

审：有无签订劳动合同？

原代：原告与兽医站没有签订劳动合同，一直都是事实劳动关系，每个月都有固定的工资，这个工资按照劳动取酬，他们所创造的收入都上交给联站，然后上交给农业局。

审：按劳取酬有无依据？

原代：我们这里有一个 1994 年的通知，这个通知的内容要求责任承包。

审：到了退休年龄后，怎么处理？

原代：曾经有一部分人发放过退休金，自从兽医站被撤销之后就没有发放过。

审：没有领到费用之后，有无向劳动部门提出？

原代：没有向劳动部门提出过，但原告都是一直在与有关部门交涉。

审：1993 年兽医站定编之后，原告是不是在编人员？

原代：不是的，那个时候原告已经退休了。

审：双方当事人有无补充？

原代：没有。

被代：没有。

上述法庭调查，目的在于进一步澄清关键的事实，接下来进入的是庭审的第三个阶段，即法庭辩论阶段。

## 三　法庭辩论

（八）宣布进行法庭辩论。

审：对于原、被告双方提供的证据，本院核实之后再予以认定，法庭调查结束。根据《民事诉讼法》第 127 条规定，现在进行法庭辩论。先由原告发表辩论意见。

（九）按照原告、被告、第三人的顺序发言，可进行第二轮。

原代：对于双方之间的关系问题，1993 年 2 月 6 日，农业部颁布实施《畜牧兽医站管理办法》，规定"乡镇畜牧兽医站是国家在基层的全民所有制事业单位，接受县畜牧主管部门和乡镇政府的双重领导，乡镇站编制应主要用于安排技术和管理工作的人员，编制内人员由录用制干部和聘用制干部组成，乡镇站应安排好未进编的在岗集体人员、农民技术员的工作，可允许其留在站内从事服务或经营性工作，与编内人员统一管理、统一报酬"。其后，原告又被重新安排到畜牧兽医站工作。然而，该畜牧兽医站至今未经 A 县人民政府依法批准登记并核发事业法人登记证，原告也没有完全享有《畜牧兽医站管理办法》规定的相关权利和待遇，原告的养老保险、医疗保险、工伤保险和事业保险等社会保险，均未办理。原告达到退休年龄后，被告没有为原告办理退休手续，致使原告无法享受退休待遇。原告认为原告作为畜牧兽医站的职工，依《劳动法》的规定享有用人单位应为其办理社会保险等权利，原告在达到法定退休年龄后，依法享有领取退休金等相关待遇，现因各乡镇畜牧兽医站未经县人民政府依法成立，不具备主体资格，其上级领导部门县农业局应承担上述义务。

被代：对于本案原告、被告是否存在劳动关系，我们认为被告不是原告的用人单位，理由是劳动关系的主体，包括两方：一方是劳动者，一方是用人单位。现在非常明显劳动者就是原告，但用人单位是谁？首先农业局不是用人单位，所谓用人单位是提供生产资料、支付劳动报酬并占有劳动成果的法人或其他组织。那谁在进行为原告提供生产资料等活动，现在已经非常清楚。原告在兽医站工作已经长达几十年，根据相关规定，乡镇兽医站是事业单位，独立核算自负盈亏，而且刚才原告说工资发放是由兽医站发放。据此可以肯定原告的用人单位是乡镇兽医站，原告是与兽医站发生劳动关系。同时，原告在起诉状中讲到原告都是在乡镇兽医站工作，原告提供的证据也证明其是在乡镇兽医站工作，这就很好地说明原告的用人单位是乡镇兽医站，而非农业局等领导部门，所以我们认为被告不应该承担支付退休金等义务。

原代：我们认为，哪怕我们是与兽医站发生劳动关系，但在1995年兽医站被撤销之后，农业局作为兽医站的主管部门，兽医站被撤销之后的人事、财务的问题，就应该由农业局来承担。

被代：对于原告提到的主管问题，原告认为农业局承担人事、财务管理，就应该由我们来承担发放退休金等义务，但我们认为这种人事上的管理，被告并不是作为用人单位来管理，而是作为领导部门来管理，这种财务上的管理也只是宏观管理。

原代：对于诉讼请求问题，虽然原告与被告之间没有签订劳动合同，但一直存在事实劳动关系，那么被告应该按照国务院的规定，每月发放退休金至原告死亡。被告在法庭调查过程中，向法庭提供了补助清单证据，当时被告为了解决原告生活困难的问题做了这个措施，就是因为被告是原告的用人单位，所以被告才会向原告发放一次性生活补助金，至于被告资金来源那是被告的问题。

被代：原告退休之后要求县农业局发放退休金的法律依据，在于原告认为原告退休之后应当由被告承担义务。而我们认为被告不是用人单位，被告没有这个法律上的义务就不应承担义务，而且我国没有这样的法律规定，用人单位不来承担义务，就要让领导部门承担义务。

原代：关于时效的问题，虽然原告退休的时间比较早，但原告仍然有要求被告每个月发放退休金，享有退休待遇的权利，作为原告完全有理由要求被告履行这个义务，所以不存在超过诉讼时效的问题。

被代：对于诉讼时效的问题，原告起诉之前向劳动仲裁部门申请了仲裁，仲裁部门以双方之间不存在劳动关系作出了不予受理的裁定，我们认为按照《劳动法》的规定，"提出仲裁要求的一方应当自劳动争议发生之日起 60 日内向劳动争议仲裁委员会提出书面申请"，所以我们认为原告已经超过了仲裁时效。为什么这么说？按照原告自己所说，他早已退休，但退休金一直未发放，故这个劳动争议早已产生，所以我们认为超过了诉讼时效。

原代：我们认为，我们并不是追偿之前的退休金，我们的要求是现在每个月应该得到的退休相关待遇，所以不存在超过诉讼时效、仲裁时效的问题。综上，我们认为原告的诉讼请求合情、合理、合法，要求法院予以支持。

被代：我们要求驳回原告方的诉讼请求。

审：原告有无补充？

原告：还要补充一点，乡镇兽医站的站长的人事任免也是农业局管的，而且有几个站长是农业局的人。

审：法庭辩论结束，下面由双方当事人作最后陈述意见。

原代：要求法院支持原告的诉讼请求。

被代：要求法院依法作出公正判决。

## 四　当庭（择日）宣判

审：双方当事人是否同意调解？

原代：同意调解。

被代：不同意调解。

审：鉴于被告方不同意调解，本庭也不再主持调解，今天庭审到此结束，将择日宣判。休庭。（签字）

庭审程序运行到结束时，并没有给出一个由"看得见的正义"带来的结果。审判长没有在法庭上当庭宣判，留给了我们一个想象的空间，庭审之后的判决会是什么呢？

近年来，作为法院审理效率工作的组成，当庭宣判率作为业绩指标被纳入法官的考核体系中。表面上，当庭宣判给人一种程序运作的高效感,法官在法庭上当场宣布判决结果时,似乎法律的力量得到了充分展示,法律的尊严得到了维护,庭审程序似乎因为当庭宣判有了完美结局。但是实际上,基层法院的法官尤其是业务庭的法官,往往对当庭宣判并不热衷。在他们看来,当庭宣判在程序操作和判决结果上都有很大风险。G 法官说:"我不主张当庭宣判。当庭宣判当然有好的方面,但坦率地说,我的能力也没有达到这个程度。我为什么不当庭宣判呢?因为……开庭的过程中,有些事情可能会出现反反复复的各种情况……你当庭宣判的话,有可能就没有经过一些深思熟虑。在这种情况之下的当庭宣判,就会失去采取补救措施的机会。如果不当庭宣判的话,对于一些复杂的案件,我庭审回来以后呢,可能再去翻一翻相关的书或条文,或者我们庭里法官之间沟通讨论一下怎么样去办更符合案件的本意。一旦当庭宣判的话呢,可能就没有补救的措施,你必须按照这个(宣判)去办。" F 法官也反对当庭宣判,"我不主张。为什么呢?不管是男也好女也好,法官也是普通人,他(她)的智商或判断也会有问题,你不可能通过开庭就全面地发现问题。有些问题,原告被告双方辩论之后,法官当庭可能想不起来,想不到。过了半天之后再想这个案子,好多都想出来了。所以我当庭宣判的比较少,审理案子之后,我要搁几天想,想想这个案子还有哪些方面有问题,原告方想想,被告方想想,从我自己角度想想……有时候,哎,突然发现这个案子还有情况当时没考虑到,当时自己也没有想到。这样的话呢,你还有机会再重新开庭,是不是啊?你当庭判掉,没有机会再开庭了,只有等着上诉了。所以对于一些稍微复杂的案子,我尽量不当庭宣判。最起码,它可以降低你案子的差错率"。

对于作为业绩指标的当庭宣判率,法官们的态度也不积极。G 法官说:"我不主张所有的案子都要当庭宣判,或者当庭宣判率要达到多少。我只是主张一些简单清楚的案件,如果要当庭宣判的话,是可以的。但是一些复杂的案件,我并不主张(当庭宣判),更不主张以这个(当庭宣判率)作为一个考核指标。" F 法官也说:"像我们民一庭的案子,好多案子我们开了庭以后,回来主审和大家还是要坐在一起合议一下,然后商量怎么判。民一庭的案子,当庭宣判是不多的。"

不过,对于在简案组或者乡镇派出法庭办案的法官来说,由于处理的案件往往比较简单,对当庭宣判并不排斥,如 H 法官就认为:"一般简单的案子,当庭宣判……可以宣布什么时候来领取判决书,不领取判决书的话,视为送达。这节约了很多诉讼资源,方便了程序,我们案子就快起来了……否则的话,人一走掉,我们送都送不掉了。打电话不来,有时候电话也打不通的。"当然,对于可能会引起冲突的判决,H 法官也倾向于采取比较稳妥的方式,"实际上有些案子可以当庭宣判,但可能马上会引起原被告之间冲突,那么我们也不会当庭宣判。当庭宣判一般都是没什么问题的,比如说简单的民间借贷啦"。

因此,像"兽医站案"这样的大案,要当庭宣判并不现实。在上述庭审过程中,程序的操作按照《民事诉讼法》的规定按部就班进行。合议庭向当事人双方、向来旁听庭审的老百姓展示的是法律的严肃性、审理的合规合程序。不管结果怎样,法院至少要在庭审形式上表明了经由程序通向正义的纠纷解决意图。

## 第二节 案件事实的厘清

"兽医站案"从案件本身看属于历史遗留问题。对于这类案件,法官最担心的是该类案件的社会影响,弄得不好,老百姓会继续上访要求解决。如 H 法官说,"担心情绪激动的原告们会走出县城,奔向中央"。因此合议庭法官对案情的把握很是谨慎,从各个渠道搜集信息。"兽医站案"中有些事实在庭审过程中查明,但有些事实却是法官通过走访县人民政府、劳动局、农业局,查阅相关文件,访问相关工作人员才了解的。

### 一 庭审查明的事实

经过庭审阶段的法庭调查、法庭辩论,本案在庭审中查明的事实有:

(一)65 名原告于不同时期进入各乡镇兽医站工作,属未定编人员。在兽医站工作期间,原告分别获得由县人民政府、被告县农业局等单位颁发的《技术职称证书》《技术合格证》《畜牧检疫证》等证书。

(二)1989 年 9 月 27 日,被告县农业局颁发(147)号文件《关于实行职称工资的通知》,评定了原告们的职称工资。

（三）原告至今未与被告签订过劳动合同，被告也从未向原告发放过工资。原告称其工资是向所在兽医站领取的。

（四）2001年年底，原告等人曾向有关部门反映，要求解决其晚年生活费等待遇。被告县农业局以（91）号文件《关于要求落实原乡镇畜牧兽医站未定编人员有关待遇的请示》向县人民政府请示。2003年1月，按截止到2001年每从事一年畜牧兽医工作补助600元的标准，原告向被告农业局领取了一次性生活补助金，该款由县财政列支。

（五）2013年5月26日，原告以与被告存在劳动关系为由，向县劳动争议仲裁委员会申请仲裁，要求进一步解决待遇问题。5月30日，仲裁委员会以被诉人系国家行政机关，原告未与其建立劳动合同关系为由决定不予受理。

### 二　庭外查明的事实

作为历史遗留问题，有关兽医站改制变动的情况是法官们在走访了县多个相关部门调查之后才了解的。这些庭外调查获取的材料是本案的背景材料，但由于这些材料的来源和内容没有经过当庭质证，这些材料不会也不能出现在最后的判决书表述之中。庭外调查材料查明的事实是：

1980年前，各个乡镇畜牧兽医站系民办机构，性质是集体组织，不列入国家编制，在经济上实行单独核算，自筹资金。1982年8月5日，省农业厅下发《区、社畜牧兽医站管理试行办法》，指出"畜牧兽医站是国家在农村中开展畜牧兽医工作的基层集体事业单位，实行县、社双重领导。政治思想由区、社党委领导，人事、业务、财务由县（市）农业局管理。经济上国家予以一定的补助……畜牧兽医站实行单独核算，自负盈亏，其资金和财产归畜牧兽医站集体所有，任何单位和个人不得平调和挪用……畜牧兽医人员的劳保福利……应根据站的经济情况确定。具体实施办法由县（市）农业局酌情确定，例如畜牧兽医站每年可按全年工资总额提取一定比例的福利基金，用于工作人员的退职、退休和死亡抚恤、困难补助等"。

1993年2月6日，农业部发布《乡镇畜牧兽医站管理办法》，明确"乡镇站是国家在基层的全民所有制事业单位。接受县畜牧主管部门和乡镇政府的双重领导。""县畜牧主管部门重点负责业务、财务、人事工作的管理，乡镇政府主要负责行政管理工作。县乡既要分工，又要协作"；"乡镇站的机构和人员编制由畜牧、人事、编制主管部门根据农业部、人事部〔1992〕农（人）字第 1 号文件精神，结合当地实际情况确定"；"编制内人员由录用制干部和聘用制干部组成。乡镇站应安排好未进编的在岗集体人员、农民技术员的工作。可允许其留在站内从事服务或经营性工作，与编内人员统一管理、统一报酬。经费主要靠服务创收解决……乡镇站是经济独立核算单位"。1993 年年底县机构编制委员会根据农业部及上级文件要求，发出了《关于招聘乡镇畜牧兽医人员的通知》，招聘对象为现有在岗的年龄在 50 周岁以下的乡镇畜牧兽医人员，享受事业单位的工资待遇。经考核招聘，共录用了 26 名畜牧兽医人员。

　　1994 年县畜牧兽医联站同意站员退休养老金实行社会化养老的办法，"……尤其对老同志，他们为基层畜牧兽医事业艰苦奋斗多年，作出了巨大的贡献，更要切实关心、照顾好，使他们安度晚年"。具体方案是：从 1994 年起，县畜牧兽医协会统筹管理退休养老金，按各站缴与支的实际余额，批文后按归属如数移交给各站，已退休人员的退休金从 1994 年 4 月起由各站发放。1995 年 2 月 22 日，县委、县人民政府发出《关于加强乡镇农技推广队伍建设的通知》，要求在前一阶段实行"定性、定编、定员"的基础上，明确机构设置，理顺管理体制，各乡镇统一设立农业技术推广中心，农业技术推广中心为乡镇所属全民所有制事业单位，下设六个站，其中畜牧兽医站为其中之一。乡镇农业技术推广中心由乡镇党委、政府统一领导，业务上接受县业务主管部门指导。撤销原区、乡镇畜牧兽医站建制……已退休人员关系仍由农业局、林业局管理。

　　2001 年，原告等未定编畜牧兽医人员向县农业局反映，要求落实未定编人员的退休待遇问题。当年 11 月 25 日县农业局向县人民政府提出《关于要求落实原乡镇畜牧兽医站未定编人员有关待遇的请示》，内容为："经调查核实，到 1993 年年底有集体畜牧兽医人员共 105 名，这些人中根据县编委定编招聘为乡镇畜牧兽医干部 26 人，安置在县兽医防疫服务站 8 人，病故 6 人，他们中未定编尚有 65 人，其中男 60 岁，女 50 岁以上有 29 人，男 55—59 岁，女 45—49 岁 10 人。这部分同志年事渐高，体弱多病，失去劳动能力，生活有很大困难。不少同志多次走访有关部门，要求解决其晚年生活费问题。鉴于这批同志长期以来在农村第一线从事畜牧兽医工作，曾经为我县畜牧业生产发展做出过一定的贡献……虽然人数多，情况各异，解散至今已有七年，但仍在从事这项工作。建议不论年龄大小，按从事畜牧兽医工作年限给予一次性生活补助金，计算时间到 2001 年年底，补助标准按每年 600 元。经初步核算，65 名未定编人员需补助金 108 万人，补助金以一次性形式发放，原则上用于购买企业养老保险，所缺资金由本人补足"。2001 年 12 月县人民政府办文单上记载，农业局向县人民政府要求落实原乡镇畜牧兽医站未定编人员有关待遇。县人民政府分管领导批示："该问题政策性强，类似于乡镇电影放映员的情况，也不全同于乡镇自聘员。现为妥善处理，建议按乡镇电影放映员一样的政策为宜，请农业局牵头，人事、信访配合操作。"县人民政府主要领导最后批示："必须落实，切勿连锁反应。"

### 三 越过程序的事实调查

上述由法官庭外走访调查来的事实，澄清了本案的关键争议：乡镇兽医站被取消后，原来的退休人员因此拿不到退休金，而县农业局作为领导部门，有没有义务承担发放退休金等责任？尽管庭外事实调查有助于澄清争议点，但法官的庭外调查在程序上却是可以反思的。

首先，法官亲自调查取证是否合适？最高人民法院《关于民事诉讼证据的若干规定》第十五条、十六条指出，法官调查取证依据以下三种情况："涉及可能有损国家利益、社会公共利益或者他人合法权益的事实；涉及依职权追加当事人、中止诉讼、终结诉讼、回避等与实体争议无关的程序事项；依当事人的申请进行"。本案中，上述三个条件都不直接具备。其次，未经举证、质证的材料能否被用来审理案件？上述《若干规定》第四十七条指出："证据应当在法庭上出示，由当事人质证。未经质证的证据，不能作为认定案件事实的依据"。

虽然法律程序有一套相关规定，但办案的法官却有另外的考虑。在调查取证上，F 法官说："我是这样办案的，必要的事实特别是与案件关键点紧密相关的事实，即使当事人甚至律师没有讲到也没有举证到，法官也要调查。不能把事情全部抛给当事人，他可能根本没想到。对不对？双方当事人在法庭调查和辩论的时候，可能他们有他们的思路。那法官在综合双方当事人的观点和证据之后，他可能也有自己的思路。那么有些事实呢，当事人没有想到，是需要补充的。当事人没有想到的……我觉得主要还是需要法官取证，法官调查。"

可见，在基层法院的案件审理实践中，法官和当事人在案件处理思路上的差异，影响了证据材料的作用。有些材料当事人认为很有用，在法官看来也许并不重要或关联性不强；而有些当事人忽略掉的材料，在法官看来恰恰可能是关键性的背景资料。在这种情况下，法官的调查取证就对查明案件事实至少是法律事实意义重大，而谁对事实的解释占据优势地位，谁就能决定处理方式（梅丽，2007：147）。

# 第七章

# 纠纷解决的庭审后运作

如果我们仅仅关注法庭这一空间、关注庭审过程的程序运作，那么我们看到的仅仅是司法场域中程序的表象。"很多看似完全不同的事件或行为，背后具有相似的行为逻辑"（张静，2018）。在基层法院处理案件过程中，庭审后的程序运作颇为关键，它直接影响了案件的审理结果，而庭审实际上只是通过法庭调查、法庭辩论等程序确认案件的基本事实。在整个诉讼程序上，庭审后的程序不如庭审程序规定得详细，但是基层法院审理案件尤其是审理疑难案件，常常是在庭审之后才真正裁定疑难和适用法律，进而摆平案件，做到"案结事了"。本章将结合上文中的"兽医站案"对庭审后的程序运作进行考察。

## 第一节 法官的合议

"兽医站案"在经历庭审之后，法院纠纷解决的空间也就从法庭转移到了法官办公室。三位法官在主审法官 F 的办公室合议案件。合议主要是针对案件事实的再度确认进而考虑法律适用。

在本案中，要厘清原告和被告的关系，首先要梳理县畜牧兽医体系。按庭审中出示的证据，在改制之前，县农业局主要是通过当时的畜牧股（农业局的内设机构）来管理乡镇畜牧兽医站，后来县农业局又成立了县畜牧兽医站（财政列编）来管理且主要是业务管理。当时，畜牧股（全民）和畜牧兽医联站（集体）是两块牌子一套班子（见图7—1）。因此在案件的证据中，很多文件、退休证都是以县畜牧兽医站的名义下发的，这更多的是业务上的管理。同时，当年的文件也明确各个乡镇畜牧兽医站都是独立的，其上面的层级是县畜牧兽医联站。从1994年起，又成立县畜牧兽医协会统筹管理退休养老金。比喻来说，就是当时几驾马车按照不同的体制在前进。在县畜牧兽医体系中，出现了五个相关机构名称：县农业局、县畜牧兽医站、县畜牧兽医联站、县畜牧兽医协会、乡镇畜牧兽医站。它们之间的关系如图7—1，县农业局是通过县畜牧兽医联站来和各个乡镇畜牧兽医站发生联系的，而且主要是业务上的联系，这就是法庭辩论中提到的"领导"和"下属"关系。

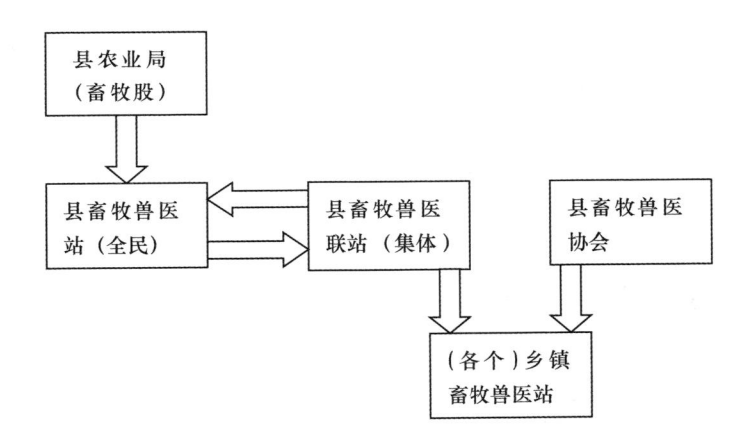

**图7—1 A县畜牧兽医体系**

## 一 本案的争议焦点

通过对"兽医站案"的分析，可以归纳出如下三大争议焦点。

（一）原告和谁建立了劳动关系？本案中原告和被告均没有签订劳动合同，那双方是否存在事实劳动关系？事实劳动关系是指"没有订立书面劳动合同，但双方实际享有、履行了劳动法所规定的劳动权利义务而形成的劳动关系"。其特征是"劳动者为用人单位提供劳动，接受用人单位的管理，遵守用人单位劳动纪律，获得用人单位支付的劳动报酬，受到了用人单位的劳动保护"等。从原告提供的证据及双方的陈述来看，对原告与各乡镇畜牧兽医站有劳动关系的事实双方均没有异议，故原告与各乡镇畜牧兽医站建立事实劳动关系，而不是与县农业局。

（二）各乡镇畜牧兽医站撤销后，其权利义务的承担者是谁？本案的原告是未定编人员。各乡镇畜牧兽医站原先是经发文成立，1995年同样发文撤销。撤销后已退休人员的关系由县农业局进行管理。现在各乡镇农技服务中心仍然下设有畜牧兽医站，但是农技服务中心是经登记的事业单位，而下设的畜牧兽医站没有独立的法人资格，所以该畜牧兽医站与原各乡镇存在的畜牧兽医站依法不应认为是同一个单位。因此，无论乡镇畜牧兽医站是否经有关部门核准登记，也无论被告县农业局如何对原告确定职称工资并进行考核，都不能否认原乡镇畜牧兽医站是一个经济实现独立核算的单位的事实，况且原、被告至今未签订过书面劳动合同，原告也未向被告领取过工资报酬。另外，原告所领取的一次性补助金虽然经过被告县农业局之手，但实际资金来源并不是县农业局。负有为职工缴纳养老保险等社会保险金义务的单位是与职工形成劳动关系并实行独立核算的单位，各乡镇畜牧兽医站本身是一个个独立核算的单位。现原告无证据证明其与被告农业局间存在劳动关系，故要求被告办理各种社会保险金的请求缺乏相应的事实和法律依据。

可见本案第一个模糊之处在于原告（未定编的乡镇畜牧兽医站工作人员）和被告（县农业局）究竟是什么关系？这里至少存在两种可能的关系：（1）"下属"和"领导"关系。这是原告代理人和被告代理人在庭审陈述中一致提到的，其中县农业局是领导部门。（2）劳动关系或者事实劳动关系。这是合议庭法官们在审理时的关注焦点。在上述说辞中，"下属""领导"都是一种带有人身等级关系的日常话语，而不是法律话语。如何命名和解释原告被告间的关系将直接影响到纠纷的解决方式。"以一种特定的话语命名一个行为或事件，从而解释该事件的意义并确定其背后的动机是一个行使权力的过程，每一种命名都预示着一种解决方式"（梅丽，2007：151）。在改制之前，县农业局是乡镇畜牧兽医站的上级领导部门，畜牧兽医工作人员有来自上级的庇护和照顾。但是改制取消乡镇兽医站之后，畜牧兽医工作人员失去的不仅仅是和领导部门的联系，而且从法律关系上来看，由于当初没有劳动合同，劳动关系也就不存在了。

（三）本案是否已超过仲裁申请时效？如果说争议焦点（一）和

（二）是从法律实质关系角度来讨论本案，那么时效问题则是从程序角度。根据《劳动法》第八十二条规定："提出仲裁要求的一方应当自劳动争议发生之日起 60 日内向劳动争议仲裁委员会提出书面申请"。劳动部《关于贯彻执行〈中华人民共和国劳动法〉若干问题的意见》第八十五条指出："劳动争议发生之日，是指当事人知道或者应当知道其权利被侵害之日"。① 最高人民法院《关于审理劳动争议案件适用法律若干问题的解释》第三条规定："仲裁委员会根据《劳动法》第八十二条之规定，以当事人的仲裁申请超过 60 日期限为由，作出不予受理的书面裁决、决定或者通知，当事人不服，依法向人民法院起诉的，人民法院应当受理。对确已超过仲裁申请期限的，又无不可抗力或其他正当理由的，依法驳回其诉讼请求"。

本案原告中有的已于 1995 年《劳动法》颁布前退休，《劳动法》颁布前的行为按当时的规定处理，而《劳动法》颁布后，原告向劳动仲裁部门提出仲裁，也已经超过了仲裁申请时效。再退一步讲，原告要求落实待遇的请求提出后，2003 年农业局做了安置并发放一次性生活补助金，如当时有异议，也是知道或者应当知道权利被侵害了。如此看来，仲裁申请在 2013 年 5 月提出时已经超过了劳动仲裁时效，而原告又没有其他不可抗力或正当理由的证据，故原告提出的诉讼，已过了诉讼时效。

综上所述，合议庭讨论的结果是拟判决驳回 65 名原告的诉讼请求，落实在正式判决书中拟陈述的理由有两条：一是没有充分的证据证明原告与被告间存在劳动关系；二是即使原告与被告之间存在劳动关系，也已超过了仲裁期限。故对原告的诉讼请求，法院不予支持。

## 二 本案的相关问题

在争议焦点之外，"兽医站案"还牵涉到如下相关问题。

（一）本案属于人事争议还是劳动争议？这是本案的"案由"问题，涉及对本案法律关系的定性。"案由反映案件所涉及的民事法律关系的性质，原告的诉讼请求需经过一定的法律技术处理，才能进一步在法律的

---

① 各类机构名称、法条存在改革变动，本书的案例材料继续保留了原档案中的提法。

规则和概念体系中找到某个对应的名称"（朱涛，2015）。一种案由代表一种对应的法律关系，案由的选择将影响所适用法律，进而影响案件审理的性质。关于本案"案由"，合议庭曾有两种不同的意见。一种意见认为本案是人事争议，因为证据材料中1982年农业厅和1993年农业部的规定，在法规上已经明确乡镇兽医站是事业单位，但现在的问题是县里这些畜牧兽医站都未经过人事局的事业登记，根本未列入事业单位管理。如果按照人事争议，程序上应该先进行人事仲裁，才能起诉。主审法官为此联系了县人事局，人事局的意见是他们无法处理，就是按照程序处理，最多是不予处理，最后还是要到法院来的，法院又要重新开庭。因此，鉴于该案属历史遗留问题，合议庭认为还是应该以劳动争议来处理。另外，原告也不认为是人事争议而是提起劳动仲裁，认为是劳动争议。

（二）本案证据的认定和事实的把握。在庭审中本案原告一般都只提供退休证、技术职称书等证明，但对于县当时各个畜牧兽医站的成立与现在畜牧兽医站的关系等相关问题都没有举证。而被告在庭审中也没有举证说明这些问题，这给法官了解整个案件的事实带来难度。因此庭审后，合议庭法官为了查清畜牧兽医站的来龙去脉，专门到县人事局、县农业局人事科、县劳动局等相关单位做了调查，提取并复印了相关文件资料。这些文件资料对了解畜牧兽医站的整个变化脉络具有作用，但未经过质证难以在判决书中直接引用。因此，这些畜牧兽医站存在与撤销过程的文件资料可作为法官查明事实的重要辅助证据，但在判决书中的事实部分不予表述。

（三）本案的社会历史背景。"兽医站案"反映出来的情况并不是个例，作为由机构改制带来的历史遗留问题，A县还有林业员、电影放映员、民办教师等群体也都存在类似问题。本案涉及的畜牧兽医工作人员有65人，这些原告起诉时情绪都比较激动，社会影响也大。法官担心处理不妥会引起原告的不满情绪升级，故与农业局联系，讨论农业局能否再与县人民政府领导汇报，为原告们提供养老的保障。对此，农业局又专门请示了县人民政府领导，答复是已经做过一次性补助，不同意再次补助。

### 三 无"法"可用的尴尬

在"兽医站案"的事实争议查明后，要套上合适的法律关系并不容易。简单来说，"兽医站案"的案情是乡镇兽医站因改制被取消后，原来的退休人员拿不到退休金；而农业局作为领导部门，有没有义务承担发放退休金等责任？遗憾的是，这类模糊的领导关系在现行的法律法规中找不到对应的法律关系，这也是合议庭法官们感到棘手的原因。法律条文很多但真正能用得上的却很少，这是基层法院的法官们在实际审理过程中经常遇到的难题，如 G 法官说："我们国家的法律条文，老百姓来问我们到底有多少，我说不准。说句开玩笑的话，正规的法律有多少我不知道，但按老百姓的说法是'蛮法三千'，说明法律多啊，但实际上在真正使用的条款却不多，可以用得着的条款不多"。G 法官还以民事案件中常用的《民法通则》上的条款来举例说："像我们这么一部《民法通则》，就是老百姓所有的事情都可以管的一部法律，就简简单单只有 156 条。而我们这里平常在用的主要就是第 84 条，债的概念；然后呢就是第 108 条，债务应当清偿；第 106 条，有过错的应当承担责任；第 119 条，损害赔偿应该怎么样；还有就是第 130 条关于承担连带责任，第 131 条是对方有过错的可以减轻责任。我总是在想，这么大一个法律，我们平常在操作的，简简单单，主要是这么几条能够稍微用得上一点……"

法官抱怨法律条文的实用性问题是很现实的，法律规范体系与现实生活的多样性存在一定的距离。在法律社会学看来，"由于法律自身存在的局限性与社会生活的多变性，在运用法律时必须实现法律条文与具体社会场景的有机结合，关注行为主体在法律实践中能动地建构或'管理'基于法律的合法性"（朱涛，2021；刘思达，2016；Seron et al.，2013）。G 法官认为："我们的法律制定在那里，应该说实用性不强、针对性不强，而我们实际上遇到的事情很复杂。社会是千变万化的，纷繁复杂的社会简简单单用这么几个条款能够概括一切的吗？特别是现在社会发展得这么快，各种各样的事情层出不穷，那么在这种情况下，怎么办？"

尽管实用性的法律少得可怜，但经历多年的审理实践，基层法院的

"资深"法官们对审理的窍门也有心得。法律社会学家威勒曾指出法律发挥作用的过程涉及对法律不同的理解和执行力（杨帆，2018）。H 法官说："其实好多东西没有具体的法律法规可以套用的。现实生活是复杂的，法官作为法律人，一方面要熟悉法律，另一方面对法律要有自己的理解……实际上，很多复杂的现实问题啊，法律很无奈的。要灵活地运用法律，要有自己独到的见解，你说有些东西你硬搬硬套，套也套不牢的。那么我们基层法院的话呢，就是有一点，反正这么多年审判，我觉得摆平就是水平。"

基层法院面临的纠纷，很多并没有严格意义上的法律条文可以遵循。在这种情况下，法官们也想过在实践中"造法"，但由于各方因素影响，实际上"造法"的操作不太可能。F 法官说："理论上我们法官可以造法。但是作为我们基层法院来说呢，你要去造法，又不允许。不允许主要体现我们法院内部的考核体系，上诉率啊，调解率啊，判决履行率啊，或者说改判率啊，发回重审率啊这些方面，方方面面都牵制。你造法的话，当然还必须要通过内部一系列的请示汇报，这个当然是少不了的。这里面有些东西呢，当领导的可能说得很好听，但碰到问题的话呢，他可能比你一个承办法官更保守。或者我们说得好听一点，按照他（领导）的说法，就是他大局观念更强，他要考虑方方面面的因素。"

承办案件的法官，在基层的法律生活中并不是处于真空环境的，考核体系的压力束缚了法官们在实践中"造法"的动力。作为政法机构的组成，法院领导可能更关心如何保持一方的稳定（侯猛，2016），如何平息纠纷、摆平案件，而不是司法的创新，甚至是纠纷治理机制的创新。

## 第二节 讨论和请示

"兽医站案"已由承办的三位法官做了详细讨论，也已经和县相关部门做了沟通，但这种敏感案件究竟怎么判，法官们还是没有把握。请示并征求领导意见成为稳妥的选择。另外，从业务上来说，为了减少案件若上诉被中院改判的风险，也最好将这样的大案事先请示中院。庭审后的运作因此进一步复杂化。

## 一 司法管理体制

"兽医站案"的社会影响不仅在于这是一起群体性诉讼案件，更重要的是，这个案件如何处理直接关系到其他类似群体的利益期待和诉求。除了畜牧兽医人员，A县还有林业员、电影放映员、民办教师等都存在类似的问题。"兽医站案"是风向标，其他群体都在拭目以待，准备采取行动。法院处理不好，很容易引发群体性上访，甚至连续上访。关于本案，县人民政府已经明确让县财政增加补助是不可能的，不然会影响其他群体，要求法院妥善处理。

在组织机构设置上，我国的法院有着一套独立于其他机构的垂直系统。但实际上，由于各级法院的设置与行政区划基本一致，法院的行为不可避免地受到同级党政机关的影响（侯猛，2016）。现实中，法院的人事任免需要地方人大批准，地方党政领导对法院具有影响力（周尚君，2017）。同时在法院内部，司法程序的运作很大程度上也受司法管理体制制约。作为领导的法院党政负责人或庭长等可以"影响"到主审法官审理案件的行为。因此，基层法官在实际工作中，尤其在审理大案要案的过程中，受到领导的"关心"不可避免。这种"关心"，既可能来自领导本人，也可能是当事人托关系向法院施加压力或说情。

当然，按照我国现行《宪法》第126条规定："人民法院依照法律规定独立行使审判权，不受行政机关、社会团体和个人的干涉"。但G法官的意思是，"虽然有规定（不干预），有句古话'上有政策下有对策'呀。或者说按照我的说法就是'原则性和灵活性相结合'，上面的规定是原则的但下面的操作是灵活的"。外来干预违背司法审理工作中程序正义的理念要求，但法院在日常审理实践中受到干预又相当普遍。较之以前的"批条子"现象，现在的干预比以前更加隐蔽。H法官说："现在一般来说呢……你说很明确地像以前写个条，这种情况可以说已经（没有），至少不多见了……比较多的呢……可能是通过其他人来认识法院内部的人。然后通过这个人来跟法官说，这个案子照顾一下什么的。就是通过层层关系来说情……并不是直接地说这个案件应该怎么怎么。"

对于领导打过招呼，尤其是地方党政领导"关心"的案件，法官的压力在于：案件判好了，是整个法院、是大家的功劳；判得不好，作为主审法官就得担起责任。F法官说："我比较悲观……要实现这个东西（比如司法制衡）我认为是不太现实的。法院独立……应该说是不现实的。"

现实中，领导干预更多的是通过法院内部的一整套司法管理体制实现的。立案中一般案件由庭长审批，敏感案件由院长审批；庭审中审判委员会的最后把关；判决书的庭长、院长签发；法官业绩的考核等，司法程序的流程无一不受到司法管理体制制约。"在中国社会法官实际承担着一种压力型体制下协调角色的平衡功能……在中国的司法体制中，法官仍然是国家科层体系中的一名干部。法官在审判时有时不能独立裁判，要受到来自法院内外行政体系的压力与干扰"（李瑜青，2007：33）。

## 二 审判委员会①

审判委员会是我国司法制度的一大特色。对于"兽医站案"这样已经引起县党政领导注意，并涉及县劳动、人事等部门的案件，法院审判委员会的介入不可避免。A县人民法院审判委员会的组成人员是清一色的法院领导，如院长、副院长、政治部主任都是审判委员会的成员。当然，在讨论"兽医站案"的时候，参会的还有负责案件审理的三位法官。在审判委员会的讨论中，明确了"兽医站案"的复杂性、敏感性。因该案明显超过诉讼时效，建议案子从程序上审，尽量不要在实体上纠缠，从程序上能解决就解决。具体地，以超过诉讼时效的理由，驳回诉讼请求。驳回诉讼请求是指"人民法院对已经立案受理的案件经审理后，发现原告请求法院保护的实体权利不符合法律规定的条件，因而对原告的请求不予保护的司法行为"。驳回诉讼请求通常适用的情形包括当事人的诉讼请求已经超过法律规定的诉讼时效。

---

① 审判委员会，简称"审委会"，下同。最高人民法院《关于健全完善人民法院审判委员会工作机制的意见》（法发【2019】20号）指出："审判委员会讨论案件的决定及其理由应当在裁判文书中公开，法律规定不公开的除外"；"审判委员会议题的提交、审核、讨论、决定等纳入审判流程管理系统，实行全程留痕。"

审判委员会做"驳回诉讼请求"考量，原因在于：一是这类案子的波及面广，法院担心社会影响。在 A 县，类似案件当事人还有电影放映员、民办教师等。二是法院认为自身能力有限。法院不是包管天下的，很多纠纷特别是历史遗留问题并不是法院能够解决的（He，2007；朱涛，2015）。法院也借此表明了行政机关不要老往法院推纠纷的态度。三是程序上留有回旋余地，如果原告不服上诉成功的话，基层法院还可以继续审。

可见，审判委员会总体意见是此类案件属于历史遗留问题，比较复杂敏感，当法律没有规定的时候，要认识到法院解决纠纷不是万能的。对于行政机关都难以解决的纠纷，法院的态度是"能关在门外最好"。"兽医站案"没办法在明确的法律关系框架内解决，所以对事实问题不宜过于涉及，考虑从程序上驳回。具体到案件本身，本案还涉及是人事争议还是劳动争议？如果是人事争议，涉及人事局的仲裁前置程序，最后应是裁定驳回起诉，不是驳回诉讼请求。① 审判委员会的讨论倾向于按照劳动争议驳回诉讼请求。当然，为稳妥起见，审判委员会还要求主审法官就法律适用问题向中院联系请示，问问中院对此案件的法律意见。

### 三 请示中院

在法院系统内部，一般将下级法院向上级法院要求指导的请示，称为"内请"。由于基层人民法院的一审案件上诉后由中级人民法院②二审，因此基层人民法院"内请"的对象自然就是中级人民法院。本案经"内请"，中院返回的法律意见大体是：这类案件受理的时候要慎重，能先不受理尽量不要受理。关于本案的性质，中院认为不是人事争议而是劳动争议的理由有：

（一）尽管 1982 年省农业厅的文件及 1993 年农业部的规章都明确乡

---

① 本案还没有经过人事仲裁的前置程序，直接起诉法院可以裁定驳回起诉。若本案定位劳动争议，因已经过劳动仲裁的前置程序，所以符合起诉条件，但法院依诉讼时效可以判决驳回诉讼请求。

② 中级人民法院，简称"中级法院"或"中院"，下同。

镇畜牧兽医站为事业单位，但这仅仅是上面给了政策，下面没有落实，机构没有成立，还没经过人事登记，故还不能认为就是人事争议。

（二）1993年农业部《乡镇畜牧兽医站管理办法》也讲到有编内和编外的区别，列入编内的按人事争议处理，而这部分原告是未定编的，是编外的，不应该按照人事争议来对待，应按照劳动争议来对待。

（三）原告自己也不认为是人事争议，而认为是劳动争议，他们直接向劳动部门提出仲裁，劳动部门也作出了《不予受理通知书》，案由也列劳动争议。

（四）鉴于本案的实际情况，法院既然已经受理了，如按人事争议，无非是先驳回去，人事局肯定是不会管的，作出一个不予受理的通知书，最后还是要到法院来的，反而审理起来的效果也不好。因此认为判决驳回诉讼请求为妥。

可见，中院支持审判委员会的基本处理意见，即从程序上处理而尽量不涉及本案实际的补偿等问题。在合议庭法官看来，有了审判委员会和中院的指导意见，接下来要做的就是如何在上述"定调"前提下，通过判决书给各方法律的交代。

基层法院对中院的"内请"现象由来已久（侯猛，2016）。"内请"现象的存在，使得二审机制难以起到原先设计的程序保障作用：如果中院已经认可了基层法院的判决，那么二审又怎么会改判呢？当然，由于业务量很大，基层法院不可能事事都去请示中院，而且也只有重大的案件，才有可能得到来自中院的答复。

> 碰到需要请示的情况比较多，但不一定每个案子都会去请示。即使你请示了，到时候也有可能存在改判的情况……关键看你怎么去汇报。就像平时老百姓打官司一样，无论是原告方也好，被告方也好，到法庭上向法官诉说的时候，他肯定是有意或者无意地朝对他有利的方面去说。对他不利的可能避重就轻或者怎么样……作为法官，向审委会去报告或者向中院去请示的时候，不同的法官在汇报时可能有所侧重。可能有些问题他已经提出来了，但有些问题他没有提出来。这种情况还是存在的。如果出现这种情况，那到时候

中院要不要改判？这种可能性就大起来了。另外即使完全一五一十地去汇报，汇报了以后呢，中院在考虑的时候，马上答复你的东西，也不一定考虑清楚的。中院的法官在答复你的时候，可能并不是经过深思熟虑再答复你的，方方面面的因素都有可能的。（G法官语）

从《人民法院组织法》来看，上级法院对下级法院是监督关系，并不存在领导与被领导关系。但是上级法院有权在二审时更改下级法院的审理结果。这种个案的纠正对下级法院的影响是巨大的。"司法机关也依照一种等级制，不仅是司法体系及其权力的不同等级，也是以此为基础的判决和解释的等级"（布迪厄，1989：502）。对基层法院的法官来说，一审结果如果被中院二审改判或发回重审，将直接影响到法官本人的工作业绩，乃至奖金、升迁各个方面。I法官的体会是："说实话，被改判的压力很大的。有些案子，领导再三说，改判对法官个人的政治方面是没有影响的，但毕竟（被改判）不大好的啊。"请示中院这一现象屡屡出现与法官考核体制密切相关。基层法院一般将"改判、发回重审率"作为法官工作业绩考核的重要指标，如果某位法官承办的案件被改判、发回重审的多，那么对他业务水平和工作能力的评价将大打折扣。J法官说："（法院）讲起来是独立的……事实上因为考核机制的关系，基层法院的法官如果将案子判错了，被改判了，那对升迁是很有影响的。所以他（法官）具体审案子的时候，可能会听取、会问一下上面的意思，这样某种情况下就导致事实上的一审终审。因为现在虽然是两审终审，但如果说事先你一审和二审是一样的话，那肯定就是形式上二审终审，实际上就会导致一审终审的情况产生。就是说这考核制度首先是有弊端的噢。"可见，请示中院可能带来一审终审的实际效果，从而解构二审的程序意义，即二审徒具形式而不能真正起到监督与完善司法公正的作用。

综上所述，面对社会影响大、波及面广的棘手案子，法院的意见也很明确，"法院不是包管天下的"。有些纠纷法院也解决不了，能不受理尽量不受理。从"兽医站案"来看，法院虽然受理了，也按照程序去操作了，但最后的处理结果却不涉及事实问题，而是从程序上予以驳回，在给原告被告等各方法律上说辞的同时，也将纠纷推出了法院。

## 第三节 案卷的制作

合议庭有了对"兽医站案"的审理意见，接下来的程序就是择日宣判并制作案卷存档了。在案卷制作上，一份厚厚的案卷正本由如下部分组成：审判流程表、起诉状、立案通知书、证据材料、庭审记录、判决书、送达回证等；而案卷的副本往往只有那些比较复杂的案件才有，一般记载了合议庭的讨论笔录、审判委员会的会议笔录、中院的反馈意见等。在所有的文件中，判决书是最关键的，审理的结果通过判决书来宣告，司法的严肃性在于生效的判决书必须要执行。①

### 一 判决书的表述

"兽医站案"的原告有65人，被告是县农业局。整个案件实际由三场庭审合并审理，但判决书却是制作成65份。本案的审理历时较长，法官投入了大量的精力但在最后判决书中的表述只是简单的三页纸。从形式来看，这样的判决书已经包含了一份规范的判决书所需要的全部要素，即"原告诉称""被告辩称""经审理查明""本院认为""判决如下"五个部分（王松，2006：59）。此外在判决书的抬头部分，有"（××××）A民一初字第×××号"的编号。其中，"（××××）"表示年份，例如（2013）；"A"是当地的简称；"民一"指这是一起非经济商业类民事案件；"初"表示是一审案件；"第×××号"是当年该案件的序号，这个序号在立案的时候就已经由立案庭定下。编立案号后，该案件类似有了身份证号从此有迹可循（朱涛，2015）。判决书的形式如下表7—1：

---

① 判决的执行是另外一个重要议题，其受制于司法资源、法律意识等诸多方面。

表 7—1　　　　　　　　A 县人民法院民事判决书

×× 省 A 县人民法院民事判决书

（××××）A 民一初字第××××号

原告……
委托代理人……
被告……
法定代理人……
委托代理人……

原告×××诉×××纠纷，原告于××××年×月×日向本院起诉，本院受理后，依法适用简易/普通程序由审判员×××审理，于××××年×月×日公开开庭进行了审理。原告及其委托代理人×××，被告及其委托代理人×××到庭参加诉讼。本案现已审理终结。

原告诉称…………
为证明以上事实，原告向本院提交以下证据：…………
被告辩称…………
为证明以上事实，被告向本院提交以下证据：…………

对原告提供的证据，被告质证认为，…………
对被告提供的证据，原告质证认为，…………

经审理，本院认定如下事实：…………
本院认为…………
判决如下…………

如不服本判决，可在判决书送达之日起十五日内，向本院递交上诉状一份及副本一份，上诉于××市中级人民法院。在上诉期满后七日内，预交上诉案件受理费××元，款汇××××，账号：××××，户名：××××。在上诉期满后七日内仍未交纳的，按自动撤诉处理。

审判员×××
×××年×月×日

本件与原本核对无异

书记员×××

在判决书中,"本院认为"后的陈述代表了法院对案件的法律定性,是判决的法律基础。在"兽医站案"中,审委会、中院已经对案件的处理有了方向性指导意见,即要避开事实,从程序上予以驳回。因此,在"本院认为"和"判决如下"的表述中,判决书也就着重从程序角度来展开论述:

> 本院认为,原告以被告出具的相关文件及农业部规章等认定与被告间存在劳动关系和以畜牧兽医站未经县人民政府依法设立、不具备主体资格为由要求被告承担相应义务,缺乏相应的事实和法律依据。本案作为历史遗留问题,原告等人于 2001 年年底要求落实待遇的请求提出后,由县农业局牵头向县人民政府请示后作了安置,并已于 2003 年 1 月领取了一次性生活补助金。如果原告认为其与被告间存在劳动关系或者说在领取经济补助后仍应获得其他退休待遇,则双方间的劳动争议在当时即已发生,原告应于劳动争议发生之日起六十日内向劳动争议仲裁委员会提出书面申请。现原告于 2013 年 5 月 26 日才提出申请,且又没有提出有不可抗力或其他正当理由的证据,故原告已经超过了仲裁申请期限。综上,根据《中华人民共和国劳动法》第八十二条,最高人民法院《关于民事诉讼证据的若干规定》第二条之规定,判决如下:驳回原告×××的诉讼请求。案件受理费××元,由原告负担。

## 二 判决书的形式化

对法官来说,判决书的写作是很严肃的,因为生效的判决书具有法律效力,是要执行的。N 法官说:"判决书上要是有地方搞错的话,你麻烦很多的。关键性的地方如果出了错误,麻烦很大的……你搞一个裁定去更正的话就很不严肃了。"因此为了避免种种麻烦,判决书的写作必须得非常小心,E 法官就说:"我写的判决书,发出去之前自己起码检查三遍。"另外,法院对判决书的写作有着严格的形式化要求,基层法院的法官们对此颇有微词。

在程序上，老是让我们写判决书要写成论文一样。我们现在案子这么多，每个判决书按照这种形式来写的话，太吃力了。有的案子我觉得没必要写成这样，但是我们现在从上到下都要求这样写。我觉得还是以前好，以前我在乡镇派出法庭工作的时候，判决书中证据不需要列的，'上述事实，由原被告双方提交证据以及当事人陈述为据'，就这样一句话带过了。我觉得有些案子就可以这样判，但是复杂、疑难的案子，极个别的可以写成判决书现在的样子。每篇判决书都这样长篇大论的话，主要是没这种精力啦，而且也浪费诉讼资源……主要是浪费法官的精力。（F法官语）

F法官曾经在县人民法院的乡镇派出法庭工作过七年，根据工作经验感觉在判决书中对证据一一罗列并无必要。判决书过于形式化的要求，反而成为法官工作的一个负担，逼得法官将很多精力投入判决书的写作上。他说："经常开了庭以后，写判决书的时间也没有。有的时候，星期六、星期天都要加班的……一般情况么，写一份判决书3个小时总要的喽。"对法官来说，判决书前半部分有关原告、被告、事实的交代等还比较容易写，因差不多都有模板。而后半部分证据认定、事实认定、"本院认为"等部分得花费很多心思去斟酌。I法官无奈地说："写判决书是很累的。我写判决书写得很累。老是这么想，很累，真的很累。"

判决书写作的形式化要求常使其充满冷冰冰、规范化的法律语言，"法律对案件程序、实体、证据的合法性要求，最终落实为案卷制作的合法性要求，因为这些要求实现的证据还要到卷宗中去寻找"（赵晓力，1997：538）。这种"案卷制作、修饰形式"的实践技术（郑戈，1997：543），包括"完善案件卷宗内容，补齐材料，修饰后将涉案的全部诉讼文书编序排列，然后装订成册"（丁卫，2014；朱涛，2015）。不过，很多基层法院的"资深"法官主张在判决书中也要讲情理。L法官语认为："判决是给谁看的，是给老百姓看的。而且老百姓当中有一些大家所认同的'理'，也许法律上没有。你如果在说明部分能把这些老百姓认同的'理'写上去，你这个判决书就容易被老百姓所接受，就比较有亲和力，判决书服（从）的人就比较多一点……我们司法人追求的总目的是'案结事了'，就是说这个案子判下去，不管反响怎么样，我们的事情要了结。"

除了形式上有要求，判决书在写作时限上也有规定。但在实践中，由于案多人少的压力，此处程序操作并不严格。F法官说："写作时限有规定，我们内部原来操作过。但实际的操作也不一定。普通程序只要在六个月以内……原来内部有个要求，就是开庭后10天内判决书要写出来。这个东西呢操作不好，因为案子情况不一样的呀。"

一份在形式上看起来完美的判决书，仅仅是符合了法律的规范。判决书究竟多大程度上能得到当事人的认可，还存在其他的影响因素。在基层法院至少有两方面的原因，使得法院判决书的实际效果打了折扣。一方面，当事人对实体结果的关注远远重于对程序的关注。也就是说，不管程序操作如何地严格，当判决书下来了，老百姓看重的还是结果。I法官说："老百姓他不看过程只看结果的。对他不利的，他就认为是不公正的，对不对啊？那你知道，公正只是相对的……但老百姓就看结果，对他不利就是不公正的，对他有利就是公正的。"另一方面，"审执分离"以来，案件的审理和执行由法院不同部门在操作。没有了执行压力，审理案件的法官更多地关注审理本身的合法性、合程序性，对执行这一块的考虑没有以前细致。N法官就说："以前呢，大概只有30%到40%的案子进入执行程序，也就是说大概70%的案子在审理当中就已经处理好了；现在呢，掉一个头，在审理中，能够把案子了断、了结的，往往可能只有20%甚至10%差不多，大部分的案子要申请执行，所以和以前有很大的不同。"

有了判决书，案件的审理程序就告一段落。回顾"兽医站案"，从立案、庭审到庭审后的操作，经历了整个司法程序的流程。客观来说，法院既然受理了这一案件，就希望能在法律的框架内给出公平的裁决，至少在程序上要让老百姓看到正义的希望。但是，司法程序的理想化设计往往很难考虑到现实生活的复杂性。对于基层社会来说，闹上法院的纠纷并不仅仅是法院的事儿，它往往还牵涉到政府对历史遗留问题的处理，牵涉到社会的稳定，牵涉到老百姓的情绪等。正因为如此，许多司法以外的力量，特别是权力的影响就会频繁地渗入案件的审理中来。

# 第 八 章

# 纠纷解决与司法程序

在基层社会多元纠纷解决机制构建中，伴随着对"法治国家、法治政府、法治社会"的强调，① 司法改革的"程序正义"获得了越来越大的话语号召力。即使是在 A 县这样的基层法院，法官在处理案件的时候也小心翼翼地遵循程序流程，生怕从程序上被"错案追究"。法官对程序操作的偶尔偏离，也要以补办手续、请示上级等方式来尽量使行为合法化。但是，在纠纷解决过程中，司法运作不仅仅处在法院自身的场域或环境中，它同时也被基层社会的情理观念、党政体制等所包围，法官在处理案件时不可能脱离基层社会的各种情境和意义之网。

在基层法院实际处理案件、化解纠纷过程中，如何平衡程序正义和实体正义，如何实现法律效果和社会效果的统一，一直是基层法院法官们困惑的问题。C 法官认为："程序正义和实体正义都是很重要的。很多案子还要注重社会效果，就是法律效果和社会效果的统一。特别是民事案子，并不是每个案子都有相应的、现成的法律依据。我们在判案的时候还要考虑到社会效果的问题"。在制度设计上，《民事诉讼法》以及相关的法规、司法解释都力图展示一幅完美的通过程序正义化解纠纷的景象。但在基层法院的实践中，在法律的实际运作中，迫于社区、体制、职业等各方面压力，法官在纠纷解决中对程序的操作存在着诸多权宜和变通，程序正义的设计与实践存在多个面向的背离。

---

① 2020 年 10 月，党的十九届五中全会继续强调"坚持法治国家、法治政府、法治社会一体建设"。

## 第一节 背离的三个面向

### 一 社区情境的情理压力

无论有意还是无意，在处理纠纷的过程中，当事人以及法官都潜移默化地受到社区情境的影响，需要面对"情境合法性"（邓燕华，2019）。对当事人而言，他们不仅仅是法庭上要求司法伸张正义化解纠纷的对立双方，也是社区生活中要求生存权利和尊严的个体。对基层法官而言，其具有双重身份：既是国家司法权力代表并且受到行政级别系统的控制；又无法避免地嵌在本地社区的社会网络之中（赵旭东，2003；刘思达，2005）。正是这双重甚至多重的角色或身份，使得基层法院在审理案件时有更多的权宜和变通可能，在运用法律程序解决纠纷时要考虑到各种可能的后续影响。对此，C 法官曾谈起当年颇为棘手的工伤"矽肺案"。

> 这是一个职业病要求工伤赔偿的案子。职业病是矽肺，那个镇在 20 世纪 80 年代的时候开了一个乡镇办的工厂，很多工人得了矽肺。他们得这个职业病时间比较长。当时 2012 年来起诉的时候呢，已经超过了仲裁时效，不管什么程序时效都超过了。可这些案子不处理的话，会闹事，当事人会走出 A 县上访，到市，甚至到中央都要去的。这些矽肺的当事人有一大批。来法院之前，镇政府几年前对这事已经处理过了，处理结果是对他们每个月补助几十块钱，到后来增加到一两百块钱。现在么，当事人他们认为这个钱太少了，所以要求再补偿。其实像这种案子的话，你说完全要有法律依据的话呢，是找不到法律依据的。你说适用哪个法律呢？你说以前的工伤赔偿标准还是现在的工伤赔偿标准？那么，如果仲裁的话，时效上仲裁肯定不予受理……法院不管的话，这些老百姓就没地方去说，肯定上访的。像这种情况的话，对法院来说只能受理。你说这个案子要判"驳回"的话，明显的社会效果就不好。我们在处理时还是"公平原则"，适当增加补偿，就是赔偿的标准随着生活水平的提高以及物价的上涨也相应地上涨。就是从这个角度。（C 法官语）

上述案件，法院若单从程序上驳回起诉并不能了结事情，无处可诉的老百姓会选择更为激烈的方式，如上访（Su & He，2010）。尽管法院不愿接手这类"烫手的山芋"，但政府职能部门最后总是将纠纷引向法院，法院不处理，事情只能越闹越大，尤其是这类案件的审理结果直接关系到当事人的生存境况。在"矽肺案"中，法院在程序上"无视"案件早已超过了诉讼时效，立案后开庭审理并以调解方式结案，说服镇政府适当增加赔偿以保障矽肺病人的基本生活。这种处理纠纷的方式正是考虑了社区的情理，考虑到这部分工伤受害者的生活，考虑到整个镇的老百姓的感受。法官在审理该案中包含的情理是"给予当事人面临的具体情况以细致入微的考虑和尽可能的照顾"（滋贺秀三，1998：35）。假如法院在此类纠纷上没有作为，甚至将纠纷一推了之，那么法院解纠的公信力会受到质疑，甚至可能成为老百姓不满的具体对象。

对比前文的"兽医站案"，从程序正义来看，超过诉讼时效就应当依法驳回，将案件挡在法院之外（博西格诺，2007：1）。"矽肺案"虽然也已超过诉讼时效，法院却不驳回，还一定程度上满足了原告诉求。可见，同样是超过诉讼时效，处理的方式却不一样，原因在于这两个案件关联的社会效果很不一样。"兽医站案"争议的是待遇问题，其背后还有电影放映员、民办教师等一大批社会群体在观望，法院不当的审理结果很可能会引起种种连锁反应。同时，"兽医站案"的处理意见有县政府、上级法院的支持，基层法院并不担心要冒业务风险甚至是政治风险。"矽肺案"则不同，它是工伤案件，关联的仅仅是一个镇的一小部分人，在事情激化之前，县政府及相关职能部门、上级法院都不会、也不愿来插手，基层法院成了最直接的纠纷求助对象。

在设计司法程序时，立法者往往从程序正义的理念出发，并没有也很难考虑到程序运作的真实情境乃至更大范围的社区情境。司法程序只是一个对当事人双方形式上完全平等的过程，虽然在设计程序时将其设计得尽量公正合理，但却无法保证每个当事人和社会成员得到他们心目中的正义和合情合理的结果，甚至有时这些程序反而成为法官追求客观真实、实体正义的障碍（朱涛，2012）。出现这种制度设计和实践操作的背离（黄宗智，2003：2），与我国法律的外来"移植"现象关系密切。I

法官说:"学者在讲程序的时候,他们会讲得很轻松,包括我们最高人民法院讲证据规则的时候会很轻松。但是规则制定后在具体落实的时候,还有一个我们说的'本土化'的问题。就是这个制度规则必须要有生存的土壤……国外的理念、制度到中国可能就没办法生根发芽……讲到程序啊,我们中国的法官很累的,在一些国外的理念和中国的本土文化间纠结。"

面对法律制度的移植和本土化之间的矛盾,学者们往往"寻求本土资源"来讨论中国法制的形成(苏力,2000:序2)。例如,设计一套符合程序正义理念的审判程序流程,就是法制意义上的。但是法律的生命不在于逻辑而在于经验(Holmes,1965:5),关心法治,关心程序的实践是另外一个更为重要的问题。具体到基层法院的纠纷解决,制度设计的程序如何真正实践是迫切需要关注的问题。H法官举例说,"庭审当中的程序,我觉得证据规则目前看来并不能完全适合中国国情,比如举证期要放宽。另外有些法官对于举证质证不是运用很好的话,还不得不经常去调查取证。因为他没办法通过证据形成证据链,那么他只能调查取证。但按照最高法院规定,调查取证不是什么情况都可以去办的。作为我个人来说,通过举证质证能够查明事实的,就不去调查;实在没办法查明事实,与案件又生死攸关的,就调查取证"。

基层法院纠纷解决中的司法程序,在宏观上面临程序是否符合本土化要求的问题;在微观上,程序的运作又被包围于社区的人际关系网之中。目前,A县人民法院的法官80%以上都是本县人,人际关系对法官的影响无处不在,"案子一进门,双方都托人"。J法官说:"在社会上,在这个圈子里,人不是孤立的呀,很多人会来说情,那你怎么办?即使你原则很强,但或多或少对你会产生思想负担的啊。比如这个当事人是我老婆的什么亲戚,让帮个忙。他从来不求你的,这次来求你。不帮吧,你亲戚关系就恶化了……"

"法律人"要求法官无私且公正,程序本身也能为法官的无私带来保护,法官可以说自己这么做都是程序的规定,以程序为托词。但法官的法律人角色不是真空情境下的,他同时还是某人的丈夫、亲戚或朋友,社区生活中的角色可能会对法官自由地依照程序行事产生影响。"法律之外的理由，也就是实用的、伦理的和道德的考虑也可以进入法律之中"
（哈贝马斯，2003：256）。

**二 司法体制的权力压力**

我国的"政治—法律"关系结构更接近于"能动型国家"的传统，即"法律（包括司法）是一种国家权力行使的方式，它承载了国家权力的特定意识形态"（达玛什卡，2015：104—114）。在法院内部并行着两套制度，一是司法审判制度即法院的业务审理；二是形塑法院内部组织构架的司法管理制度（即司法体制）。在司法审判制度上，负责案件审理的是审判员或助理审判员，业务上他们都是法官，在审判上是平等的（苏力，2000：68）。如在合议庭中，一人一票，每位法官的审判权力是平等的。但在司法管理制度中，法官群体存在很大分化。从助理审判员、普通审判员开始，上面有副庭长、庭长，还有政治部主任、副院长、院长、党委书记等。每一级都有相应的行政级别，如县法院的院长是正处级，庭长一般是科级等。另外，即使同为"庭长"，职权也有大小之分，如立案庭这样规模较大的庭的副庭长，其级别就相当于民一庭或民二庭的庭长。

法院尤其是基层法院的主要功能是解决纠纷。从功能出发，法院内部的司法管理制度应当配合司法审判制度以支持法院审判职能的顺利实现。但实际上在法院内部，司法管理制度具有支配性的主导地位，司法审判制度处于从属地位。名义上每位法官都有平等的审判权力，但实际上行政级别的影响力才真正能在关键时刻起作用。因此，在司法实践中不担任行政职务的法官在一些重要的问题上都习惯性地要向领导汇报，这实际上已经成为各级法院的审判惯例（苏力，2000：74）。这种汇报请示来的领导意见自然对于法官的案件审理会产生实质性影响。

在纯粹的司法场域中，主导性的运作逻辑是正义，通过公正地处理当事人双方的纠纷，得出正义的审理结果（司法产品）；但在司法管理这样的权力场域之中，主导性的运作逻辑是权力，权力压力通过行政级别层层传导，使得每位法官都处在无所不在的权力关系网中。党政体制的权力压力使法官在案件审理中非常顾虑领导意图，在程序操作的实践中容易偏离制度设计的程序正义要求，以政治稳定等考量牺牲司法的程序正义。F法官说："最高人民法院的民事证据举证规则偏向于程序正义。但老百姓法律意识比较淡薄，而且说实话如果完全讲程序的话，可能就乱套了，可能会引起社会的不稳定……导致实际审理过程中呢，程序，说是说重视程序，实际上是重实体，程序还不是特别重要。只是在一些关键的程序上考虑的。"

司法体制虽然对程序正义的实现有影响，但对于法官本人，这样的体制反而在某种程度上能减轻审理责任的负担。G法官说："法院内部的行政管理应该说是双面剑啊……真正要独立审判的话，说实在的，我们现在的法官素质也没有达到这么一个程度……法官也常受心情的影响，包括对当事人的态度啊，开庭时候法官的认真程度啊、注意力啊，方方面面的东西。那你说怎么办呢？法院里面通过庭长把关，然后院长把关，那么我想这个还是少不了的。另外一个方面呢，各个法官思维、逻辑、观念还是有区别的，同样的案件，到了不同的法官手里，他有不同的判法。这实际上也是很正常的，但社会上尤其是舆论一炒，就会对法院印象比较差。你说同案不同判，也是一个比较尖锐的问题啊……通过庭长或院长合签以后呢，至少同案或类似案件的审理可以做到一些平衡。所以说内部行政管理既有好的方面也有不够的方面。"

如果说司法体制的压力仅仅来自法院内部，那么通过司法改革的推进，司法系统自身对程序正义的重视，最终可使司法审判制度占主导地位。但权力的压力也常常来自法院之外，尤其是来自当地党委政府。近年来，A县大片的土地被征用，许多民房被拆迁，拆迁案件中干群矛盾比较突出，这类案件屡屡受到上级领导的"关心"。E法官说："拆迁案子涉及好多的关系，是群体性案件。这种案子主要是政府夹杂在里面很难处理。我们法院的话，严格来说是审理独立，但事实上呢不是这样的。比如说政府想推进一个大项目，这个地方要拆迁要征地，政府与老百姓商量不好，老百姓起诉了。那么政府要求我们法院……工作要做好。"

在E法官的工作经历中，感觉最头疼的就是领导打过招呼的案件。这种案件，主审法官的责任重压力大。当主审法官希望将案件推出去，提交审判委员会的时候，领导又常常不同意提交而要法官担责任去判。

E法官：有些案子不好办，特别涉及政府部门的，政府背景的案子，上面有干预进来。这种案子，法官都吃不消干，所以说压力很大。上面打招呼的案子……你怎么办？案子出了事情，比如支持哪一方的，不同的领导意见不一样，你怎么办？有政府背景的案子最难办。

问：提交审委会？

E法官：不是想提交就可以提交的。领导他们会不同意提交。他们也不想担责任，但要求你按照领导的意思判，让我们法官办。尤其是征地拆迁这方面的案子……判了以后呢，如果执行过程中出现问题，又要来说法官。说因为你这么判，我才这样执行不好。就是说，出了问题法官要承担责任。说判决有问题，各方面的领导都来说你……去年有个法官判案后，被执行人不知怎么就自杀了，亲戚朋友好几百人来围攻法院……一年遇到一个这样的案子，主审法官就麻烦大了。要写检查。一年审几百个案子，如果都这样那还怎么活？

对地方政府来说，法院是纠纷的"调适器"，遇到和老百姓协商不好的纠纷，就将纠纷推到法院，让"法律"来给个说法。法院似乎成了地方政府的具体工作部门，任务是处理纠纷，维护政治和社会稳定。对于上面有压力的案件，H法官的态度是："我们法院不可能像西方法院非常超脱，而且法院现在的情况实际上也是我们的国情决定的。有些涉及社会稳定的（案件）完全按法律判，社会效果可能反而不好，要寻求一个比较折中的方案。"J法官认为："法院判决的法律效果和社会效果应该相统一，判决好不好，工作合不合格要看群众满意不满意。我们办案子是为了化解矛盾，特别是民事这一块，要考虑到社会和谐。"

可见，法官的审理行为不仅受制于法院内部行政管理的约束，也常受到外部党政体制的干预。法院或者法官的司法权威性被削弱，但其政治的正确性却增强了。L法官说："我们的国情决定了法官的判决要考虑党政管辖，考虑舆论监督，不能想怎么判就怎么判……法官要'讲政治'。从法律角度是A但判决的时候可能是B。"换句话说，"能动型国家的法律源自国家（政府）并表达其政策，如果法律变得低效，就必须得到修正"（达玛什卡，2015：106）。

### 三　工作负担的职业压力

当程序设计得越来越精细，对程序的操作要求越来越严格时，法官在案件处理中的工作压力也越来越大。如果所有案件都按普通程序的流程走，经历法庭调查、法庭辩论的话，那对法官的精力是个难以承受的考验。基层法院近年来案件数量"诉讼爆炸"，繁重的审理压力使很多法官不堪重负。在调研中，D法官提到："隔壁县的法院，这几年他们有20多个法院工作人员走（离职）了。有个法官，民一庭的庭长不要当，愿调到司法局去敲章。他说，我空一点啦，烦都烦死了，我宁愿去敲章。"

这样有点极端的事例真实地发生在法官的日常生活中。许多基层法院的法官宁可找机会到行政部门去做一般性的工作，也不愿意从事一线审判工作。在实际工作中，D法官说："我们简案组还好一点，（案件）加加班就干出来了，他们（业务庭）干不出来的。他们案件虽然少一点，但压力很大的……一线的审判、执行，压力都很大的。"在D法官看来，简案组虽然案件多但比较简单，多花点时间也就处理完了。而业务庭的案件比较复杂，有些案件还要协调好方方面面关系，这不是法官个人加班多花点时间就可以处理圆满的。

> 案多人少，案子太多以后根本没时间啊……一个法官，一个人的精力毕竟是有限的。假如一个法官一年办250个案子，一年到头全部上班时间都算在里面也只有250多天时间，你总不可能一天就办一个案子。更何况有时一个案子要开好几次庭……在审理过程中，鉴定也好，造价审核也好，结论出来以后还要和当事人联系，叫他们质证。还要通知发传票或者怎么样，这些事务性的东西呢，全部是法官在操作。（G法官语）

案多人少的压力导致基层法官在案件审理中容易办错案。"错案"的"错"，一种是法律效果上的错，即案子一多使法官在审理某一案件时没时间考虑得非常细致，这就提高了审理结果被上一级法院改判或发回重审的可能性。另一种"错"是社会效果上的错，即担心老百姓不满意审理的结果，上访闹事情，这对主审法官的压力也很大。F法官说："作为法院来讲，最佳的效果是程序正义和实体正义完美统一。实际上好多案子是无法做到这一点的。例如土地承包的案子，按照以前的做法，法官会到村里去做调查笔录，听老百姓的意见。那时候，整个法院一年就只要办几个案子，可以那样去做。但现在我们做不到那样，人少案子多。如果一方证据不足，按照程序，我判他败诉，是不会错的。但是实质上，最后这可能是错的。"

工作负担的职业压力，逼得法官不得不在一定的范围内简化程序。只要当事人接受了审理结果，或者只要当事人对程序不是很较真，那么很多程序都可以通过事后补办手续来完成。

## 第二节 法官眼中的程序

与规范性研究关注程序正义的原则不同，法院解决纠纷的实证性研究需要关注纠纷解决过程中人们对司法程序的认知和感受。在基层法院，程序究竟对妥善化解纠纷、维护司法正义起到了什么样的作用？程序的意义何在？这些问题都需要通过基层司法的行动者——法官来寻求答案。在案件审理中，相对于其他行动者，法官因为在知识背景和角色地位上的优势，对程序有着更为丰富、深刻的体会。

### 一 作为权利保障的程序

在基层法院解决纠纷的过程中，司法流程日益强调程序，其根本目的是要通过程序来推进司法公正，以保证案件审理结果这一司法产品的正义性。与此同时，强调程序也能保障当事人在司法活动中的各种权利，提高案件审理的质量。F法官认为："程序对审理有帮助的。首先程序要给当事人看的，从形式上给大家看的就是公平。老百姓也就知道输是输在哪里，赢是赢在哪里。比如说举证期限，不提交（证据）就视为放弃举证权利。还有答辩期，你要在规定的期限内提交答辩状，否则是放弃答辩权利。按照程序操作的话……程序上既是为法官设置，也是为当事人设置的。比如说公开审判……既是对法官的要求，也是当事人的一种权利，是对法官的一种监督。还有让当事人辩论，让他们有理说透，程序上给了他们这个权利。所以，这个程序设置在那里还是有好处的……法官一定要问当事人有没有意见啊，事实上有没有补充啊？法律上程序设置在那里，我就必须要问的。那没这个程序设置的话呢，法官的话可能就不问了……还比如要不要申请回避。那你告诉当事人，让他知道他有哪些权利和义务。这些程序方面的设置当然是有利的。"

G法官目前负责审理劳动争议中的工伤赔偿案件，他这样看待程序："有些情况下，比如伤害赔偿案件，主要责任方是赔偿60%算公正，还是70%算公正，或者80%、90%算公正，很难计算……但作为法官，最起码一点在程序上，老百姓来打官司，总要给他说理的时间和机会。具体地总得给他一个诉称、给他一个辩称，给他一个举证，给他一个质证，这些肯定是要给他的……现在强调程序正义是有它的现实意义的。程序正义，我想最起码、最简单的一点就是一般老百姓到了法庭上，法官要给他说理的时间、说理的机会，这个实际上就是一个程序正义的问题……你说连话都不给他说，那怎么有公正呢？程序正义，我想在某种程度上可能比实体正义更重要，对当事人来说可能更能够体现司法公正。"

上述内容涉及起诉、答辩、公开审判、举证、质证、法庭辩论、询问双方意见等程序流程。通过履行这些程序来解决纠纷，程序在约束法官行为的同时也保障了当事人的诉讼权利。这些权利包括：申诉的权利、答辩的权利、举证的权利、质证的权利、被告知的权利、要求回避的权利等。在审理结果出来之前，程序要让当事人感受到司法过程的公正，知道"输是输在哪里，赢是赢在哪里"。法院希望通过展示程序的流程，宣示程序正义对于实体正义的前提意义。

### 二　作为公开监督的程序

程序正义是"看得见的正义"。要"看得见"，就需将程序操作置于监督之下，以保证程序的每个环节都是规范的。上级法院或者基层法院自身对案件特别是上诉案件的监督，首要的就是从程序入手。J法官说："法院对程序的要求是越来越严了。一个案子查起来，一看如果程序有问题的就要再审。这本身就是程序正义来保证实体正义，程序必须得公正，实体才能公正。保证程序正义是前提条件，就是这么个逻辑。以前程序作为一个工具，但现在的话程序本身也是有价值的……程序在某种程度上肯定也有导向性作用。程序要求法官对法律细节的处理越来越规范，受到老百姓的监督越来越强。"I法官也说："我们现在越来越重视程序……程序公正保证事实公正……程序比以前越来越完善了，操作越来越规范了。我们只要程序上出问题，改判或者发回重审。"

可见，对程序的监督意味着被改判或发回重审的压力，即对提起上诉的案件，中院首先是程序再审，从程序上审查有否存在问题。一旦发现程序有错，直接发回重审。除此之外，基层法院内部还设立了审判监督庭（简称"审监庭"），其制度设计目的也在于监督案件审理流程。不过，审监庭的工作重点是事后监督，如对发回重审案件的监督。对于审理过程的监督，审监庭并没有也无法投入很大精力。这类似于某些企业的质量监督：只有外界对产品提出质疑时，质量监督才会真正启动，真正介入对生产过程的监督。法院虽然对程序过程越来越重视，但只要"重实体轻程序"的倾向不改，那么监督就更多地指向结果而不是程序本身。因此，在程序正义的意义上，基层法院公开监督的力度尚有空间。

### 三 通向实体正义的程序

纠纷解决中程序正义和实体正义的价值高下是正义理论讨论的经典议题（贝勒斯，2005）。暂且撇开价值争论，从基层法院纠纷处理的实践来看，实体正义占据着重要地位。大到简易程序的操作，小至庭前调解，都隐含着对结果、对实体正义的侧重。H法官从事了多年的民事审判工作，对程序正义和实体正义有自己的理解。

问：程序对司法公正的作用？

H法官：这个要看怎么去运用……程序按理论上讲还是首先必要的。程序就是看得见的公正，让当事人的意愿可以充分表达出来，比如记录要有依据，放弃要有放弃的手续，合议庭需合议。不过有的时候有些当事人牺牲程序利益，能够获得实体利益的话，（我认为）也可以。程序正义最终还是要为实体正义服务的。程序正义是让老百姓可以看到你每一步都有程序的，但最终的结果还是实体正义来体现。比如说简易程序，当事人牺牲一些程序正义，能取得实体正义也是可以的。说牺牲有点不对，实际上是能够最大限度地简化一些程序。有些案子很简单的，你如果一定要一步一步来，那也变成不公正了。

问：在您看来，程序正义和实体正义的关系？

H法官：程序正义最终肯定是要为实体正义服务的。

问：会不会有些当事人觉得程序都是做给别人看的？

H法官：程序正义最终要从实体正义上去体现。比如说，你既做给我们看了，最后的结果又是公平正义的，那就最好了。如果程序上不公正，但最后结果公正，两方都能够满意的话，也就算了。比如说，答辩期没有告知他，最后实体公正，他也不会提出（程序问题）的。这个我们内部的监督部门可能会说，呀，你放弃答辩期的手续也没有嘛，最多是这样。但当事人都没有意见，我觉得也可以嘛。最多就是说下一次这些（程序）手续还是要补齐的，能够看得出来他放弃答辩期。当事人他同意放弃的程序操作，法官要有依据反映出来，这个样子就比较好。

可见法官对程序正义和实体正义的认识，不仅来自自身对司法程序实际操作的经验，也来自处理案件过程中对普通老百姓的观察和感受。L法官指出："诉讼程序，对于懂法律的律师来说都是很注重的。上面法院对这个程序也很注重。但老百姓是重实体轻程序的，他要的是什么？他要的是实体正义，是结果，而不是过程，对不对？老百姓要的是结果不是过程。不管看上去程序怎么样公正，怎么样到位，老百姓实际上不管你这一套。程序管的是谁呢？管的是代理人、律师、法律工作者等。上面法院对程序的要求很严格，但是老百姓不管你怎么搞，他更看重的是结果……答辩期也好，举证期也好，在我们的审理过程中，对老百姓并不是要求很严的。"

可见，在整个司法程序流程中，无论法院如何强调程序正义，老百姓注重的还是案件审理的结果，注重实体正义。I法官说："大体上，社会上对公正的认识就是局限于结果，不是过程。当然这个也情有可原。老百姓不可能来深入理解你这个（程序的意义）的。程序正义都是国外过来的，中国的法官想公正，公正必须按程序，但按程序老百姓又不理解，对不对啊？所以中国的法官就是这么累。"

在处理案件的过程中，行动者除了法官之外，还有纠纷双方的当事人等。对程序正义的理解，不是仅仅由法律规范所规定的，更重要的是来自行动者之间的互动，是行动中的合法性（朱涛，2021）。虽然法官对程序正义很重视，但只要当事人的意识还局限于实体正义，程序正义在纠纷解决中的地位依然脆弱。

## 第三节 纠纷解决的程序正义

前文论述了基层法院纠纷解决的程序，即从基层法院的日常法律实践入手，按照纠纷解决的程序流程展开，深入每一程序节点的内部，细致考察了从纠纷立案到案件的审理，再到庭审后司法运作等每一个程序步骤的运作，从而揭示出司法产品是如何被生产出来的，在现实社会环境中基层法院又是如何实践体现程序正义理念的程序设计的，以及在这一过程中各行为主体的行动逻辑和正义理念等。那么，程序正义在纠纷解决中的意义何在？

### 一 程序正义的研究进路

在法律层面，程序正义的研究集中表现为对法律程序的研究。法律程序指"按照一定的顺序、方式和手续做出具有法律约束力的决定的相互关系，其普遍形态是按照某种标准和条件整理争讼，公平地听取各方的意见，在当事人可以理解或认可的情况下做出决定"（季卫东，1993）。总体来看，关于程序正义的研究目前大体上可区分为两种研究进路：法学规范性研究和法律社会学实证性研究。规范性研究的重点在于讨论程序正义是否存在理性、普适性的客观标准；而实证性研究则重点关注程序正义的实践过程（朱涛，2012）。这两种不同的研究进路也反映了对法律程序的不同认知。

（一）法学规范性研究。在法学规范性研究中，对程序正义的研究基本分化为两派观点：结果本位主义和程序本位主义。

1. 结果本位主义或"工具主义"。这派观点认为程序只是实现实体目的的手段或工具，本身不具有独立价值，衡量法律程序有效性的唯一标准就是实体目的的实现程度。这一派出现了功利主义理论（边沁）、经济成本理论（波斯纳）和道德成本理论（德沃金）三种代表性理论。边沁认为审判程序的直接目的在于正确地将法律适用到已得到证明的事实上，形成正确的裁判结果；而正确的裁判只有在其符合"功利原则"的情况下才能得到证明，功利原则所要求的则是保证"最大多数人的最大幸福"（陈瑞华，1999）。经济成本理论是法律经济学学派通过将经济效益观念运用于法律程序的分析而提出的，认为最大限度地减少法律实施过程中的经济耗费是评价和设计法律程序时所应考虑的重要价值，也是司法活动所应达到的目标。对法律程序进行经济分析的指向在于衡量法律程序和司法活动能否最大限度地节约司法活动的成本（Posner，1973：399—400）。与功利主义和经济成本理论不同，道德成本理论认为在评价和设计一项法律程序时，应当最大限度地减少法律实施中的道德成本。道德成本与一般成本有所区别，例如在刑事审判过程中，一名无罪的犯罪嫌疑人最终受到错误的定罪和刑事处罚，这里的一般成本主要指刑罚的错误实施、无罪者被错误地投入监狱等因素引起的资源耗费；而道德成本则指由于错误地惩罚无辜者所带来的非正义（Dworkin，1985：73—103）。

在"工具主义"视角下，程序正义既要根据事实来正确公正地应用法律，又要高效地减少审判（经济、道德）成本，即"无论审判能够怎样完美地实现正义，如果付出的成本过于昂贵，则人们往往只能放弃通过审判来实现正义的希望"（棚濑孝雄，2004：267）。但问题在于，所谓的事实本身就是存在争议的，纠纷双方、法官眼中的事实存在差异，而且公正和效率间存在张力，要在同一案件的法律程序中同时做到相当不易。

2. 程序本位主义或"非工具主义"。这派观点认为正义的程序不仅具有确保查明真相的实际价值，而且具有使裁判实现"看得见的正义"的形式价值，只要坚持公正的程序，就可以做出公正、合理的裁判。在《正义论》中，罗尔斯把程序正义作为一个独立的范畴加以分析，将程序正义分为三种，即纯粹的、完善的、不完善的程序正义（肖建国，1999）。纯粹的程序正义指一切取决于程序要件的满足，不存在关于结果正当与否的任何标准，其典型事例是赌博。只要游戏规则不偏向某一赌客且被严格遵守，那么无论结果如何都被认为是公正的（季卫东，1993）。完善的程序正义指在程序之外存在着决定结果是否合乎正义的某种标准，且同时存在着使满足这个标准的结果得以实现的程序，其典型事例是蛋糕等分问题。不完善的程序正义是程序未必一定能导致正当的结果，程序之外的评价标准便具有重要意义，其典型例子为刑事诉讼。在刑事诉讼中，即便法律被仔细地遵循，过程被公正恰当地引导，程序要件规定得非常完备，也还是不能完全避免错误结果的发生，如一个无罪的人可能被判作有罪，一个有罪的人却可能逍遥法外（罗尔斯，2003：86）。不仅是刑事诉讼，其实所有的法律程序都可以说是一种不完善的程序正义。司法只是一个对当事人双方形式上完全平等的过程，虽然在设计程序时将其尽可能设计得合理、可行、公正，但却无法保证得到每个当事人和社会成员心目中的正义和合情合理的结果，甚至有时这些程序反而成为法官追求客观真实、结果正义的障碍（朱涛，2012）。尽管如此，程序的价值并不完全依附于结果正义的实现，而是有其自身的独立价值。对此，萨默斯的"程序价值理论"、马修的"尊严理论"和贝勒斯的"综合性程序价值理论"都试图进一步发展一种证明程序本身正义性的理论。

在萨默斯的理论中，"程序价值"不是泛指评价程序的所有价值标准，而是专指通过程序本身而不是通过程序结果所体现的价值标准。在他看来，这些"程序价值"的基本内容有：程序的参与性管理、程序的正统性和和平性、程序的人道性和尊重人的尊严、程序的合意性与公平性、程序的及时性和终结性等（Summers，1974）。与萨默斯同时代的马修着重对程序正义中"人的尊严"的意义进行理论拓展，指出维护法律程序自身的公正性、人道性或者合理性的最终目的是使那些受裁判结果影响的人的尊严得到尊重。马修"尊严理论"的核心是强调在法律程序的设计和运作中应使那些利益受到直接影响的人获得基本的公正对待，从而具有人的尊严。这是必须通过法律程序本身得到实现的价值目标，也是衡量一项法律程序公正与否的基本尺度（Mashaw，1981；陈瑞华，2000）。在萨默斯和马修基础上，贝勒斯进一步综合阐释了程序正义的价值。他指出程序正义问题遍及现代社会的各个方面，在人们所熟悉的领域，比如做出一项集体决定、分配家务、教育、就业以及日常生活中，都充满了程序正义问题。可以说，"在国家的整个法律制度中，程序处于一种核心的地位"（贝勒斯，2005：2）。在贝勒斯的"综合性程序价值理论"中，程序的价值包括和平、自愿、参与、公平、可理解、及时和止争七项原则（贝勒斯，1996：34—37）。比较而言，程序"工具主义"者关注裁判结果的正确性；而程序本位主义者关注裁判结果的可接受性，这与结果正确性并无直接联系，即一项法律程序如果实现了上述程序价值，纠纷当事人在心理上就会容易化解敌意，接受裁判者提出的解决方案，并对裁判结果产生信赖和尊重。

（二）法律社会学实证性研究。较之法学规范性研究，法律社会学的实证性研究能够较为具体和明确地描述不同社会中人们对程序正义的认知和需求，并揭示与此有关的历史与文化背景。这类实证性程序正义理论综合运用社会学和社会心理学的研究方法，通过广泛的社会调查或以实验数据为基础来分析程序正义在现实生活中的运作情况（朱涛，2012）。

此前程序本位主义者认为"程序是唯一能达成一致的地方，则无论是何结果，都必须接受所同意的程序带来的结果。正因如此，程序正义就必须被视为独立的价值"（谷口安平，1998：374）。这种观点从法律社会学的视角来看是值得商榷的，因为司法裁判的可接受性并不仅仅受程序的影响。赛伯特和沃克提出诉讼双方对纠纷解决结果的满意度受他们对纠纷解决过程公正性的评价的影响，并比较了不同的受调查者对程序正义的认知和偏好（Thibaut & Walker，1975；张光等，2010）。更进一步，裁判的可接受性与如下变量可能都存在关联：作为奖赏或惩罚的结果的质量；参与者预期或希望获得的结果；根据类似案件的裁判而预期获得的结果；参与者依据自己的标准而认为是公正的结果；对主导程序的权威机构/人士的评价；产生结果的程序的公平性（Tyler，1984）。由此可见，程序正义的独立价值并非唯一影响裁判可接受性的因素，这一研究也能够解释为什么在许多案件中虽然人们对程序感到满意，但却不认可由该程序产生的结果。

除了程序正义的价值，法学规范性研究还提出了程序正义的若干"普适标准"，例如贝勒斯提出了和平、自愿、参与、公平、可理解、及时和止争七项原则（贝勒斯，1996：34—37）。但从法律社会学的视角来看，这些标准在何种意义上是普适的却值得反思。泰勒就指出程序正义的意义随公民与法律机构的交往关系的变化而变化，个人并没有一个可以应用于所有情形的单一衡量标准，而是随着环境的不同而关注不同的问题（Tyler，1988）。这说明程序正义的标准是与情境相联系的，这也有利于我们理解现实中类似这样的情形：在案件审理的简易程序中，由于当事人本身对程序正义的要求或理解偏低，因此简化程序，甚至略过一些程序要件，并不违反程序正义原则。这一发现对于程序正义的研究十分重要：规范性程序正义理论力图为程序正义提供一套具有普适性的标准，而实证性研究则意识到应当结合具体的情境来认识程序正义。因此，仅仅提出程序正义的若干项标准是远远不够的，在不同情境下人们所关注的程序具体标准往往不同。更进一步，程序正义标准的非普适性不仅体现在不同的具体情境，而且也应当被扩展到不同的社会环境中。这也就不难理解为什么某些公正的程序一旦移植到其他社会环境后常常不能有效地发挥作用（杜健荣，2007）。沿着上述研究进路，近年来国内对程序正义的实证性研究突出表现在基层法院的程序实践方面，即"我们考察法院制度时，不要仅仅关注法律明文规定的制度，而忘记了许多实际发生影响的，也许是非正式的制度"（苏力，2000：74）。

综合来看，在实证性程序正义研究中，研究者并不试图把程序正义归结为普遍的原则或价值标准，而是集中描述人们对程序正义的具体认知和感受，并考虑不同的情境。而规范性程序正义理论存在一个难以克服的问题:它没有为此种程序的正义性来源提供有效的论证,它所诉诸的普遍的正义原则或价值标准在不同的社会环境下、不同的情境中是有可能被质疑的。实证性程序正义理论恰恰能够帮助我们重新认识并回答这个问题。需要说明的是,基于法律社会学立场的实证性程序正义研究,其所获得的信息和结论也具有局限性,例如实证性调查研究所选取的样本是否具有代表性是一个常常被问到的问题(杜健荣,2007)。但总体上,法律社会学视角下的实证性程序正义理论对于我们更为深入、全面地认识和理解程序正义的基本问题具有重要的启发,即要想真正形成一种中国特色的程序正义理论,有必要借鉴实证研究方法,对中国社会中民众对于程序正义的认知和偏好、对司法实践中的程序运作进行深度实证调查,并对其进行理论分析,从而将理论与现实有机地联系起来(朱涛,2012)。

## 二 案件审理的程序正义

在解决纠纷的诸多方式中,最具有典型意义的是法院为解决业已发生的纠纷而进行司法裁判的程序即诉讼。较之协商、调解、仲裁等纠纷解决方式,诉讼程序"具有最为典型的三方构造形态,即控辩双方面对面地进行理性的论证、辩论、说服、协商及交涉,作为第三方的裁判者代表国家参加和主持裁判过程,并在听取和采纳双方证据、意见的基础上做出独立的裁判结论,从而对公民个人之间发生的纠纷即民事纠纷,个人与政府部门之间发生的纠纷即行政纠纷,或者个人与国家整体之间发生的纠纷即刑事纠纷做出权威和最终的解决"(陈瑞华,1998:19)。[①] 但是,诉讼作为对纠纷进行司法裁判的公力救济方式,必须符合诉讼规则,应该体现程序正义理念,否则便不具有公权的判断力和权威性,即"裁判结果是否正确并不以某种外在客观的标准加以衡量,而充实和重视程序本身以保证结果能够得到接受,则是其共同的精神实质"(谷口安平,1996:4—5)。或者说:"在解决公民之间的纠纷时,法律体系所提供的最显著、最别具一格的产品就是程序公平"(诺内特、塞尔兹尼克,

---

① 当然,这里是指理论上可以最终解决,实际上纠纷的最终解决并不能仅仅依靠诉讼。

2004：73）。

现代司法中的诉讼程序基本上都是由程序法明文规定的，具有很强的专业性和技术性，并越来越遵循职权主义的原理来构造。在程序正义的设计下，对当事人而言，纠纷进入法院就默认了司法的规则，需按照司法程序有序进行。这不仅意味着纠纷转化为诉讼，建构为受司法规制的法律论辩对象之法律问题后，当事人就要接受司法裁判的终局性权威；而且在解决纠纷的诸多方式中，理论上只有司法裁判才是终局的（朱涛，2011）。

正是认识到诉讼程序对于解决纠纷的意义，我国的司法改革致力于建立一套完善的、符合程序正义要求的案件审理程序，具体到法院诉讼实务则以案件流程管理的形式呈现出来（顾培东，2011；龙宗智，2011）。所谓案件流程管理，指法院围绕案件跟踪、监督的审判运行程序和法院内部管理机制。目前我国基层法院一审民事案件审理流程管理的内容包括立案、审判、监督、执行等全过程，关涉到审判方式、诉讼模式、机构设置等方方面面。流程管理使诉讼主体和社会公众"看得见"审理的每个阶段和步骤，各个阶段的程序严格按照规则进行。这项制度的建立，目的在于通过公正的流程管理使审理结果容易被当事人和民众所接受，乃至具有更广泛的认同度。

当前，以案件流程管理为形式，程序正义为目标的改革仍在进行之中，但制度设计的程序正义与社会现实之间的矛盾却已开始凸显。一方面，程序正义与传统正义观念的矛盾使情理法的冲突加剧，使人们从对法律过高的期待转向失落和对法律的规避（Gallagher，2006），如同从秋菊打官司的结局中所看到的，"在规则之治、程序正义的逻辑下展开运作的司法因其制度刚性有余而操作柔性不足，难以有效回应中国社会仍停留在'传统'的具体情境"（陈洪杰，2011）；另一方面，司法腐败的现实又使社会对程序运作本身充满警惕，不惜通过种种方式对法律程序实施反向制约，例如错案追究和个案监督措施的出台。此外，新闻舆论对案件审理过程的影响，当事人和律师在法院外的活动以及愈演愈烈的"涉诉信访"等方面都能看到社会对程序正义本身的抵制或限制。

# 第 九 章

# 纠纷解决中的公正观念

上章曾述及公正观念（或正义理念）影响到纠纷解决和法律秩序的达成。本章从"叶玉珍"财产继承案（以下简称"叶玉珍案"）出发，着重探讨公正观念的民间认同，认为在抽象原则上，官方和民间都认同"权利和义务一致"的公正观念，但在义务的具体内容上，存在个人义务与家族义务的认同冲突。由此，本章回溯历史梳理明清以来寡妇财产继承权利的变迁，进一步揭示其中反映的公正观念在官方和民间认同上的一致与冲突，提出在民间这一面向上，"公正观念的民间认同"是以往未注意到的另一解释维度，从而试图对法律秩序的达成加入新的解释维度。

## 第一节 司法案例及公正观念

法律社会学曾从官方和民间（国家和社会）两个面向来分析中国社会法律秩序的达成。例如通过对清代、民国法律的研究，黄宗智认为"清代法律制度，一方面具有高度道德化的理想和话语；另一方面它在操作之中比较实际，能够适应社会实际和民间习俗，这是这个制度之所以能够长期延续的秘诀"（黄宗智，2001：重版代序 10）。就是说，清代法律制度在（官方）表达与（民间）实践两方面既互相矛盾又互相依赖。类似地，张静提出了权利声称与利益分配相分离的"二元整合秩序"，认为当整合的紧张无法通过权利声称（如案例中法庭的正式判决）解决时，可以由实际的利益平衡和分配机制（如案例中的调解）来解决（张静，

2005：17）。在分析框架上，上述研究用"实践"和"利益分配"来分别解释法律秩序达成中民间面向上存在的两种维度。而本章则提出在民间这一面向上，另外还存在"公正观念的民间认同"这一重要的解释维度①。从宏观来说，在一个社会中，广泛而支配性的公正观念深刻影响着人们之间的社会整合、规则认同和秩序稳定。这种公正观念，在我们日常的社会生活中既反映为抽象的原则、概念，也蕴涵着极为丰富的具体内容，以各种方式、各种形态显现出来。例如在司法案例中，正式的司法审判结果往往揭示了对公正观念正式的、制度性的认可，反映了官方的现代法律逻辑。而通过现实司法案例的分析，从中挖掘非正式的、非制度性的公正观念，则是我们研究公正观念民间认同的绝好途径。概括地说，在法律秩序达成的研究中，黄宗智的"实践"注重实际运作，张静的"利益分配"注重客观的利益获得，而公正观念民间认同则从主观、心理的角度指向了这一研究。

由此，本章对"叶玉珍案"的研究重点着眼于司法过程、司法审判中公正观念的民间认同。这种公正观念的民间认同，既可能与正式的、制度宣称的官方认同的公正观念相一致，也可能存在冲突；更进一步，公正观念的民间认同还可以进行历史的对比分析。概言之，结合公正观念的民间认同来考察司法过程，能更有效地解释法律的实际运行与秩序的最终达成。换句话说，加入"公正观念的民间认同"的解释维度，有助于理解为什么法律秩序的达成总是经历了法院、当事人以及相关民众的多次博弈。

## 一 "叶玉珍案"的审理

"叶玉珍案"的案情分为解除母子关系和分家析产两部分。一是解除母子关系。原告叶玉珍（以下简称"叶"）诉被告养子（也是侄子）黄刚没有尽赡养自己的义务且母子关系恶化，要求解除母子关系。因为自从原告丈夫去世后，加上没有养子的照顾，原告"与这个家庭一点血缘

---

① 民间面向上也许还存在更多的解释维度，本章的目的并不在于罗列完整民间面向上所有解释维度。

关系也没有了"①，且原告叶现已另结婚姻。一审判原告胜诉，被告不服后上诉。二审维持原判。二是分家析产。原告叶玉珍要求析产，一开始是和养子黄刚的分家，涉及叶现居住房、三堰村房屋（亡夫老家）、俱乐部财产（养子）。一方面，叶玉珍要求三处房产中自己作为亡夫之妻应得的部分，强调对原来夫妻共有财产的产权。另一方面，作为养子的黄刚也要求对亡养父（即叶玉珍亡夫，黄刚的伯父）的继承权；同时亡夫家族（黄家）中的兄弟、老母均反对叶玉珍对三堰村房屋的继承要求，理由是：家族财产没有明确析产，且叶玉珍对老母（公婆）没有尽到应尽的赡养义务，改嫁后更不能有效履行赡养老人等家族义务。随着事态的发展，亡夫家族的兄弟姐妹以证人等身份均卷入了纠纷。这样，原本叶玉珍（原告）与养子的析产纠纷，逐渐演变为叶玉珍作为亡夫之妻与黄家家族的析产纠纷。最后，法院判叶玉珍对现居住房、三堰村房屋均有一定份额的继承权，并本着生活便利的原则对部分房产进行了相互置换，但叶玉珍也放弃了一些具体细节上的房产利益。需要说明的是，叶玉珍是老母的大儿媳，养子黄刚其实是老母次子（黄木玉）的亲子，即老母的孙子。本案中，分歧最大的是对于三堰村房屋（亡夫老家，即黄家）这一财产如何析产。

具体地，叶认为三堰村房屋并不是黄家家族的财产，其中南侧房屋是自己和亡夫结婚后的共有财产，"以堂屋中心为界，南侧三间半的两层石木结构瓦房，是原告夫妇1983年给黄木玉建房费1000元委托黄木玉为原告夫妇及其养子黄刚修建的"。证据是当年黄木玉的一封亲笔信，谈及"黄刚也是自己的骨肉"，而按农村习俗，叶夫妇的房将来还是养子黄刚的，所以当年黄木玉当然愿意帮助建房。据此，叶要求这部分南侧房屋的产权。而以黄木玉为代表的黄家认为，房屋是在原来老家的地基上拆房建房的，作为城市户口的叶夫妇是没有农村宅基地资格的，"原告所说的1000元建房费是赠予，且早已在1989年给原告做了家具（归还）"。黄木玉出示了当地政府下发的集体土地建设用地使用证，该证写明黄木玉的房屋建筑面积包括南侧房屋的面积。对此，叶指责黄木玉背着叶夫

---

① 引号中的内容来自该案判决书原文，下同。

妇将委托他修建的房屋的产权做到他一个人（指黄木玉）的名下，侵犯了她的产权。黄木玉则坚持当时的1000元不是委托费而是赠予，认为"从1983年以来叶夫妇再没到老家住过一天，也从未提出过房屋产权要求，老家没有叶所说的单独可分的房屋，也没有分家的问题，并保留追究叶'诬陷'的权利"。黄木玉还指出，"叶夫妇十多年来没有给过老母抚养费，是他一直在奉养老母"。而叶认为老母只是随黄木玉生活，以前自己和亡夫经常回家看望给她钱物，而且亡夫病故后，亡夫所在单位以抚恤工作人员家属的名义，每月给老母生活补助费80元，这些都说明是在尽赡养义务。叶认为黄木玉将整个房屋与南侧由叶夫妇出资翻建的房屋混为一谈，是想浑水摸鱼，侵吞她对南侧房屋财产的合法权利。

在法院最终的审判意见中写道："黄木玉深知为原告建房，实为亲子黄刚修房，对自己也有利，且两兄弟共同赡养老母，全家自然会同意。因此，兄弟情深，不下委托书，不签合同书，全在情理之中"。最后，法院判决叶对南侧房屋的一半享有个人所有权；另一半，则按照现行的继承法由叶、黄刚和老母作为第一顺序继承人平均继承。叶由此获得了南侧房屋三分之二的产权份额。

## 二 "叶玉珍案"的分析

在"叶玉珍案"中，原告、被告以及相关人之间存在复杂的财产纠纷，包括：析产中体现的个人意识与家族意识的冲突；继承权利与析产利益的冲突；继承权利与赡养等家族义务之间的冲突等。上述种种均反映着公正观念的认同冲突。本章关注权利获得和义务履行一致的公正观念认同。在该案中体现为当事人都认可要获得财产权利得履行义务。这种"权利和义务一致"的公正观念是现代法律制定、司法实践遵循的基本原则。对于学习西方现代法制的中国社会来说，这一公正观念与近代以来公民权责（citizenship）的发展、现代国家的建设等是一脉相承的。梅因认为，"所有进步社会的运动，经历着一个从'从身份到契约'的运动，在运动中，源自家族依附的各种权利义务相互关系逐步消失，代之而起的是个人间契约关系中个人义务的增长，'个人'不断代替'家族'，成为民事法律所考虑的单位"（梅因，1995：17）。另外，近代以来的社会变迁造就了现代国家的兴起，它打破了旧的身份关系（比如贵族和平民，领主与农民，君主和幕僚），确立了新的社会身份和机构角色：现代公民和国家，并在它们之间逐步形成了新型的纳税、法律等关系。如恩格尔所言，"在司法概念上区分个人性和地方性，并将所有人定义为国家的公民"（Engel, 1990：340）。这些关系意味着一系列新社会规则、新行为标准、新权利、新义务的出现，它要求个人在追求自己的权利和履行自己的义务之间达到一种平衡。这种平衡观逐渐通过社会认同的扩大而合法化，从而成为某些正式的、制度认可的公正观念的来源。

但是，这一抽象的"权利和义务一致"的公正观念，在社会生活的现实中却是模糊的。在不同的情境、不同的时空可以有不同的含义或采取不同的解读。这往往造成一种并非个别的现象：在都认同这一公正观念的前提下，利益各方的现实所指、具体所指是不同的。如在本案中，当事人双方对义务的认识存在不小的差异。叶认为老家南侧房屋是自己与亡夫以前共同出资所建，所以自己对亡夫财产（即南侧房屋的一半）的继承权利，是与他们夫妻关系下的义务相一致的。即根据现代法律，作为妻子有继承亡夫财产的权利，亡夫家族的干涉是于法不容的。这种观念符合官方的现代法律逻辑，其着眼点是夫妻双方以个人为基础的个人义务。而在黄家看来，叶夫妇多年在外工作，"出资赠予"而建的南侧房屋早已是老家家族房产整体的一部分，并由老家家族成员一直使用、居住，所以房产不存在析产的问题。家族财产还是夫妻财产的争辩，触及的是家族成员共有财产，还是夫妻小家庭私有财产的观念交锋。此外，黄家认为叶过去没有很好地和亡夫履行赡养老母的义务，今后由于再嫁，更不可能履行赡养老母等家族义务，强调叶对家族义务的缺位。所以在本案中，如果按民间习俗主张男性的继承权，那么原本叶按现行法律可以继承的亡夫财产将落到养子黄刚的手中，这是叶不愿意的。而当叶诉诸法律时，她又面临继承权利必须得与黄家家族义务联系的民间习俗的对抗。上述关系中，个人义务的背后隐含的是个人逻辑，即主张个人作为权利主体有获得合理合法利益的权利，法院的审判也遵循了这一逻辑，这反映了官方的认同；而家族义务的背后，运行的则是家族周期逻辑，也就是"民间习俗视财产所有权与家庭周期相连接。所有权从来不会简单属于个人而总是与家庭连在一起"（黄宗智，2003：135）。当然，叶并没有否认对老母有赡养的义务，对家族有其他种种义务，只不过她不同意将财产权利与这些体现家族周期逻辑的家族义务相连。

可见，本案当事人虽有抽象原则上共同认同的公正观念，然而由于在公正观念认同的具体内容上存在冲突，所以才导致这场纠纷一直发展到由法庭来判决。表面上，"叶玉珍案"只是一件普通的再嫁寡妇的财产继承案。但如前所述，本章要关注的是案件中体现的"权利和义务一致"的公正观念，回溯历史，官方和民间认同的公正观念在该类案件上又有怎样的延续和变化呢？

## 第二节　纠纷的回溯和对比

妇女（自然包括寡妇）的财产继承纠纷在我国历史上由来已久，只不过"过去的研究大多以男子为研究对象，许多世纪以来，男子的财产继承权利甚少变化，因此这种研究给我们描绘的是一副静态的图画。然而一旦我们把研究的焦点转向妇女，一副关于财产权利的大相异趣、动态变化的图画就展现在我们眼前"（白凯，2003：1）。

### 一　传统中国时期

要讨论寡妇的财产继承权利，回溯历史必须先联系传统中国[①]"承祧"义务的事实。在传统中国，"承祧"意味着一个男性子嗣来承接宗祧祭祀，"如果他没有亲生子嗣，那么他必须过继一个子嗣来延续父系家族以继续对祖先的祭祀。一个男子必须从宗祧继承和财产两个方面被其子所继承，人们一般认为，承祧和继承财产互为表里，它们是同一事物——即只有儿子有继承权的两个侧面"（白凯，2003：2）。在这里，继承财产的权利是和当时最重要的家族义务——承祧、保证父系家族的延

---

[①] 即 traditional China，或者说帝制中国时代、封建时代，一般指汉代以降至清末（转引自滋贺秀三，2003：13）。

续相联系的。这反映了对继承家庭财产公正观念的民间认同。当然，不否认家族义务还有赡养双亲等，只是没有宗祧的地位突出。对于有亲生男性子嗣的家庭，财产的继承往往通过分家就能比较平静地解决。民间家庭财产继承诉讼主要是由宗祧继承引起的，"在帝制中国，分家和承祧两者之间，前者是财产继承中更为常见的形式，但这并不意味着后者无关紧要……作为妻子，她的夫家没有男性子嗣的可能性大约在20%，可能有三分之一的妇女是没有兄弟的女儿，或者没有子嗣的妻子，或者两者兼而有之，在她们一生的某个时刻就很可能会因此涉入宗祧继承……与分家相比，父系家族的宗祧继承因此是一个更为突出的法律问题"（白凯，2003：2—3）。

承祧作为传统中国继承家庭财产时重要的家族义务，伴随着对寡妇财产权的限制。例如，1303年元成宗的一道圣旨规定：今后应嫁妇女，不问生前离异，夫死寡居，但欲再适他人，其随嫁妆奁原财产等物，一听前夫之家为主，并不许似前搬取随身①。在中国历史上，这是第一个明确剥夺寡妇或离婚妇女财产权的法令。明太祖继承了蒙元的法令，1369年下诏：妇人夫亡，无子守志者合承夫分，须凭族长择昭穆相当之人继嗣，其改嫁者，夫家财产及原有妆奁，并听前夫之家为主（转引自张彬村，1999：41；滋贺秀三，2003：271）。可见，官方观念中将丈夫财产和宗祧继承联系在一起，寡妇在此无权继承丈夫的财产，只能为丈夫的子嗣接手和监管这财产。在维持父系家族财产和宗祧延续的前提下，寡妇没有继承财产的个人权利。事实上，明清时期妇女（包括寡妇）在社会生活中并不被看作独立的个体，她们总是被看成依附于某个男性而生活（"三从四德"），在某种程度上甚至只是男性财产的组成部分。当然，寡妇对于财产也并不是完全无能为力，特别是随着不断被强化的寡妇贞

---

① 宋代寡妇有继承其丈夫财产的全部权利，没有法律强制要求她保留这财产给子嗣，直到明初她才降格为一个财产监护人（白凯，2003：44）。张彬村的研究也指出，再嫁寡妇的财产权在中国历史上并非始终受限制。例如在宋代，再嫁寡妇可以带走所有属于自己的财产，包括嫁妆等。就是说，宋代已婚妇女的财产权并没有转移到夫家，已婚妇女权利大量转移到夫家最先发生在元代，并在明清完全固定下来（张彬村，1999：36—38）。限于篇幅，本文仅对明清以来的历史做回溯对比。

节崇拜的倾向，寡妇的权利在既有框架内有了一定扩张，表现在当时的司法判决中，对于守志寡妇，官员往往判寡妇有权利选择自己喜欢的"侄子"（称为"爱继"①）来继承亡夫的财产，从而不至于使自己日后生活悲惨，以致要用再醮（嫁）来摆脱。"官府对保护寡妇对亡夫的贞节变得和保护父系的延续一样重要"（白凯，2003：62）。但是，明清时期寡妇一旦再嫁，那么不仅她将丧失对亡夫家产的任何权利（如监护财产、选择"爱继"的权利），甚至原本自己从娘家陪嫁过来的嫁妆也将失去。可见，明清时期官方和民间都认同父系家族共有财产的财产逻辑，排斥了妇女的财产继承权利，即使是有限的"爱继"权利，也要求以寡妇的守节为前提，要求寡妇履行父系男性家族宗祧等家族义务为前提。概言之，明清时期"妇女的财产权只是其丈夫财产权的派生物或其子的监护权……财产所有权并非属于个人，而受严格的家庭义务的制约"（黄宗智，2003：189）。如果"叶玉珍案"发生在明清，无疑叶就只有接受丧失财产的安排了。

**二 民国时期**

民国初期，清律中财产和宗祧继承的所有例律继续有效（白凯，2003：67），直至《中华民国民法典》的颁布，宗祧继承和财产继承开始分离。民国时期民法典根据西方特别是德国民法典的个人权利概念，欲体现男女平等的原则，表现为继承只涉及财产继承，而不管宗祧的继承，剥夺侄子继承权，并使"丈夫和妻子享有继承配偶的同等权利"（白凯，2003：109）。新的继承法给了寡妻得到一份丈夫遗产的权利，但权利并不比其他法定继承人（如女儿）多。黄宗智曾提到一个发生在民国时期有关寡妇财产的纠纷案例：

---

① 明清法律上有亡夫的最亲近的侄子具优先继嗣权的原则，他可以通过这种权利进而继承死者的财产，当然也是全部的财产，这被称为"应继"。而择立贤能或自己喜爱的族侄的做法在法律讨论中称为"爱继"。法律上，"应继"是一般规则，而"爱继"则是应继者和继母之间不能取得和谐时的例外。任何人若将这一顺序颠倒过来，在没有试图先寻找应继之人就立了爱继之人，那就犯了"越继"之罪（白凯，2003：59—60）。

在寺北柴有另一个相似的例子，就是郝洛克与他寡居的弟妇在家庭财产上的纠纷。他弟妇在丈夫死后带着两个女儿回娘家居住，不久再婚。根据村庄的惯例和清代的旧法，她和她的女儿在这种情况下都无权得到原夫家的财产。但是她根据民国民法的新规定，即女儿有权继承父亲的财产，向法庭提起诉讼。她提出郝洛克和已死的兄弟应平分家里的五十亩地，而她的两个女儿是她们已死父亲的继承人……对于郝洛克来说他弟妇的要求是过分和不公平的，它无视乡村中长期形成的惯例和通行了几个世纪的清代法律……因无法说服郝割让一半家产给其侄女，他们让他答应代表死去的兄弟给两个侄女每人一份嫁妆。这一安排，没有逾越传统上可以接受的界限，又使郝脸上有光……郝被说服按分家的形式操办一遍，其目的是防止他的弟妇或侄女们将来再提出什么要求。（黄宗智，2001：63）

在这个案例中，依当时民国官方法律逻辑，弟妇有继承一份亡夫家产的权利，但弟妇却通过主张女儿的继承权来提起诉讼，可见再嫁寡妇的身份在继承亡夫家产上面临的民间习俗压力。本案和"叶玉珍案"的相同之处在于两案都涉及了对亡夫家产的继承，而且郝和黄家都表现出对寡妇继承亡夫财产的排斥。在他们看来，再嫁寡妇将来不可能履行家族的义务，如宗祧、抚养父系子嗣、赡养老人等。她们继承财产的要求不仅与民间习俗、惯例不符，而且是不公平、不合理的要求。也就是说，民间认同的公正观念是继承权利和家族义务履行的一致，而民国官方法律观念中开始主张个人基础上的权利和义务。

### 三　新中国时期

新中国成立以来，官方法律保障寡妇对夫妻共有财产的继承权。我国现行《宪法》第48条规定："中华人民共和国妇女在政治的、经济的、文化的、社会的和家庭的生活各方面享有同男子同等的权利"。本着这一原则，我国的婚姻法、继承法自始至终贯穿男女平等的原则①。首先在继承权的享有上，同一亲等中妇女与男子有平等的继承权，夫妻之间有相互继承遗产的平等权。其次是同一顺序继承人继承遗产的份额，不分性别，享有均等权，并强调寡妇带产改嫁，任何人不得干涉阻挠。最后，"在夫妻一方死亡后遗产的确定、分割方面规定，夫妻在婚姻关系存续期间所得的共同财产，除有约定的以外，如果分割遗产，应当先将共同所有的财产的一半分出为配偶所有，其余的为被继承人的遗产，再由配偶和同一顺序的其他继承人对遗产进行分配"（刘悦，2003：80）。"叶玉珍案"的判决就是依据上述的法律规定。在这里，一方面，法律已经明确将家庭财产视为夫妻的共有财产，双方享有平等的权利；另一方面，法律明确保障寡妇的自由平等权利，保障她的继承权利不受阻挠干涉。其背后隐含的逻辑是夫妻双方在婚姻关系存续期间互有作为夫或妻的义务，与此相一致，当然享有对对方的各种合法权利。可见，与民国民法典类似，新中国法律注重以夫或妻的角色和以个体为基础的个人间义务的要求。需要注意的是，新中国法律肯定个人权利义务，但也"创建了协调性别平等与社会实际的法律规则，明确地把继承权利和赡养义务连接在一起，在法理层面上解决了20世纪中国继承法中长期存在的条文与实际间的矛盾"（黄宗智，2008：110）。不过，这个赡养义务在法律上却是继承人针对被继承人而言的个人义务，而不再是民间习俗中笼统的家族义务。

在本案中，作为争议焦点之一的"南侧房屋"，叶主张是她与亡夫的共有财产，叶要求继承亡夫的财产是合法的；而黄家则将其模糊为家族财产组成部分，将老母作为大家长，将赡养老母的义务作为家族义务，而不是简单的个人义务，并以认为叶改嫁无法履行赡养老母义务为由来拒绝叶的继承要求。从"叶玉珍案"可见，在民间，再嫁寡妇的财产继承在原夫家仍受到很大的阻力。据一项调查表明，我国当前对于"寡妇

---

① 《中华人民共和国婚姻法》第17条规定，"夫妻对共同所有的财产，有平等的处理权"，第24条规定，"夫妻有相互继承遗产的权利"，继承法第30条规定，"夫妻一方死亡后另一方再婚的，有权处分所继承的财产，任何人不得干涉"。

再嫁不应带有财产"的态度，城镇人口中有 41.4%，农村人口中有 60.7%①的人表示认可，即认为寡妇再嫁应把财产留给亡夫的孩子和家人。可见实际的民间习俗中，仍存在很强的主张男性家族成员继承权的观念，即使承认妇女的继承权，也要附以赡养老人等家族义务。以夫妻小家庭为单位，特别是妇女个人为基础的继承要求，在家族看来是"有伤风化，搞得满城风雨"。

可见虽然在当代社会，宗祧等家族义务已经在法律上失去话语权，但在民间仍有很强的观念认同财产继承和宗祧一致。更何况，夫家家族可以通过突出赡养老人等在当前法律话语下仍然有效的家族义务来阻挠再嫁寡妇的财产继承要求。总之，在"叶玉珍案"中，虽然当事人都认同抽象原则上"权利和义务一致"的公正观念，但对义务的具体内容存在认同冲突，叶与官方一致认同夫妻个人基础上的义务；而黄家主张与赡养等相关联的家族义务。

## 第三节　民间认同和法律秩序的达成

前文通过梳理明清以来寡妇财产继承权利的变迁，使我们看到了一条寡妇财产继承权利和家族义务、个人义务关系的基本线索。明清以来，中国社会经历了巨大变迁，但传统和现代的各种交融还是很生动地展示在我们面前。从"叶玉珍案"出发，就官方和民间所认同的公正观念可得出以下一些认识。

明清以来，在乡民的观念以及县官或法官的判案中，抽象原则上官方和民间都认同"权利和义务一致"的公正观念，但是不能忽略其具体内容上的变化。在明清时期，无论是官方还是民间都认同与寡妇财产继承权利相连的义务中有"宗祧"家族义务的重要内容。在这种一致性下，寡妇财产继承中的纠纷在家族内部就能得到解决。民国民法典以后，官方观念中的"义务"所指开始变化，侧重个人的义务。例如民国民法典极力采纳德国民法关于个人权利义务的原则，撇开各种家族义务，着重

---

① 对调查统计表格的分析得出（详见刘悦，2003：95）。

主张男女继承权平等，甚至忽视农村"仅男子享有继承权"的风俗（黄宗智，2007：18）。新中国法律虽然将赡养习俗提高到法理层面，把继承权利和赡养义务连接在一起，但这也是针对被继承人而言的个人义务，而不再是笼统的家族义务。具体到"叶玉珍案"，叶已经不再认可那种继承亡夫财产和家族义务相连的观念，主张按现行法律"就事论事"，认为夫妻间的权利义务是为法律所承认的，有要求继承权利的合法性。这里，义务的具体内容已从家族义务（背后是家族共有财产的逻辑）转为个人义务（背后是个人权利、夫妻私有财产的逻辑）。而在黄家看来，他们虽然也认同"权利和义务一致"的公正观念，但他们指的义务是在家族义务的框架内，即使"承祧"的家族义务在当代、在本案中消减了重要性，可同时还有赡养老人、维系亲族关系等内容可放在家族义务的框架内并予以公开主张。黄家的主张所反映的公正观念显示出浓厚的道德化倾向，重点在于分清道义上的是非，而非权利边界（张佩国，2006：135），也获得了许多民众的支持。因此，叶不仅在本案审理过程中受到黄家的多次责难，而且在审判后也放弃了一些具体细节上的争议，对黄家做了让步。可见，在公正观念的认同上，抽象原则往往掩盖了具体内容的变动：即随着社会变迁以及民众法律意识的增长（Gallagher，2006），有的普通民众已经从个体出发来主张自身的合法权利，符合官方的现代法律逻辑；有的则仍坚持民间习俗、惯例中家族本位、家族共享的传统，或者说是某种体现男权的传统。

综合来看，在官方和民间，对于公正观念的认同既有一致也有冲突的时候。在法制现代化的今天，冲突显得更为严重，正如韦伯所说，在一个形式理性的法律系统中，司法判决严格依照理性的法律原则和规范在具体案件中的逻辑性应用，不考虑任何法律之外的因素（Weber，1978：654）。本案中当代官方法律也认同叶主张的"权利和个人义务一致"的公正观念，但黄家"家族义务"的观念还代表着传统在这类事件上的民间认同。所以即使在法庭的诉讼结果上叶会占上风，但在法律的执行、在现实中仍会受到民间认同的诸多限制和影响，并时刻冲击着官方法律主张的公正观念。我们也许会追问，那是什么原因导致了公正观念的认同冲突？或者说传统性较强的地区（如黄家老家）为什么现代的妇女权利义务意识如此薄弱？经济、社会、文化等等的原因虽然很多，但仅就法律本身来说，有一点不容忽略：民国民法以来，我国法律的外来"移植"现象非常明显，而且这套法律体系，事实上在许多方面与我国的民间习俗、惯例有一定的距离。由于时代变迁和立法者理念等因素，法律与社会生活的脱节十分明显，特别是"在婚姻家庭法领域，有时习惯往往与法律确定的规则大相径庭"（范愉，2007：11）。换句话说，中国法学"极少以中国社会为立足点来思考中国人的社会生活中是否需要法律以及需要什么样的法律"（郑戈，1999：2）。

　　公正观念的民间认同，其视角是自下而上，是由民间指向官方的、制度性的、法律认可的各种公正观念。同时，该视角认为在公正观念的抽象原则下，官方和民间可能存在不同的、丰富变化的对抽象原则的具体解读，使得官方认同和民间认同既可能相互一致，也可能相互冲突。这一从主观角度出发的解释维度有别于以往"实践"或"利益分配"的维度，这也提醒我们在解释法律秩序"正当性"的达成与社会变迁时，公正观念的民间认同是一个重要的解释维度。

# 第 十 章

# 纠纷解决与程序运作

"哲学对正义的讨论缺少一个建制向度，而社会学对法律的讨论从一开始就是对着这个向度的"（哈贝马斯，2003：80）。法治的理想主义者希望以一套按程序正义设计的审理流程去规范基层法院的行为，但司法实践的过程却总是充满了创新、变通和重构。乍一看，基层法院合乎程序正义的操作越来越多，程序规范总是被提高到很重要的程度。但是，当我们深入基层法院的运作空间并仔细地审视运作过程时，当我们面对一个个活生生的行动者时，却发现法律规范意义上的程序正义在实践中受到种种限制，它所受到的约束无所不在。

## 第一节 建构性的程序正义

在程序的具体过程中，行动者之间的互动往往会改变程序的运作，以致建构出新的规范和价值。具体地，当原告将纠纷提交到法院时，案件审理的程序即开始启动。立案、庭审、庭审后是三个既相互联系又相互独立的阶段，分别在立案大厅、法庭和法官办公室这三个不同的空间展开。在具体的程序节点上，立案审查、格式化、繁简分流、送达、开庭、陈述、举证、质证、辩论、合议、请示、案件制作等，每一步都考验着程序正义的理念是否在实践中落实。这种考验一直延续到程序的最后，直到审理结果出炉并以案卷的形式作为历史档案保存下来。在程序的每一个节点，在不同的案件情境中，程序运作都有可能被行动者创新，以变通的方式完成程序，行动者在接受结果的同时也间接地认同了重构的程序。从这个角度来讲，程序正义已超出了实证性的范畴，而是建构性的。

### 一　建构性的程序正义的表现

（一）规范由行动者在互动情境中定义。如在立案阶段，按照立案程序的要求，法官完全可以冷冰冰地用表格、格式材料等对待当事人，依法办事；但也可以依照"司法为民""能动司法"的政治话语，依照"举手之劳"的助人准则，以冒着丧失中立立场的风险来热情地为原告服务，甚至直接成为原告的法律咨询对象。究竟采取哪一套行为规范，取决于立案大厅内法官和当事人的现场互动。对立案法官来说，在程序操作上保持中立是恪守法律公正性的应有之义，但以"举手之劳"助人，特别是助那些与自己有着血缘、地缘、业缘或朋友关系的人（在基层法院，很多原告很可能与立案法官有着这种关系），则是中国人应有的"做人之道"（朱涛，2015）。在道德与人情的压力下，立案过程之中法官常常会就起诉角度、规范化写作起诉状、证据准备等方面帮助原告顺利进入法律程序的轨道。

另外，在法院立案过程中，当事人对案件的想象和法官对案件的职业判断也有所不同。当事人关心的是自己提交的纠纷能否被法院接受；而法官倾向于考虑能否将纠纷纳入法律审理的范围。例如在确定"案由"时，同一案件可以从不同的角度确定不同的案由，提出不同的诉讼请求。由于法律知识的相对缺乏，对上基层法院诉讼的大多数普通民众来说，其所关注的是"受伤""欠钱"等此类纠纷事实，而对"赔偿""借贷"等法律术语并不了解。在缺乏律师代理的情境下，基层法院很多立案法官往往主动通过自己的翻译和解释，步步引导原告走立案程序。

更有代表性的还体现在同一个程序规范可以用于不同的目的。如劳动争议类案件中的"诉讼时效"，在有些案件中，法院以超出时效为由将案件驳回，挡在法院门外。例如"兽医站案"，基层法院考虑到一旦受理此案，类似群体（电影放映员、民办教师等）的历史遗留案件很可能会蜂拥而至，因此法院以原告兽医人员的请求已经超出了申请期限为由，从程序上驳回原告的诉讼请求。不过，在某些事关地方稳定的历史积案中，尽管超过了诉讼时效，法院还是通过运作予以受理。特别是在集体行动的压力下，法院极为谨慎地融通其自身的程序性要求，以更重视维持社会稳定的原则（应星，2011：73）。例如"矽肺案"涉及的矽肺职业病原告有近百人。原告们起诉的时候，按办案法官的说法"不管什么程序时效都超过了"。可考虑到"这些案件要是不处理的话，当事人会走出县里到市里上访，甚至到中央上访"，因此基层法院还是受理了此案，主要还是考虑一旦"驳回"此案的话，在社会效果上有可能引发一些群体性事件，法院本身也很可能成为部分民众的不满对象。

（二）程序运作取决于行动者各方的博弈。当前我国基层法院在案件审理中普遍采用"繁简分流"的审理方式。在简案组的审理工作中，正式庭审之前的答辩期可有可无，可长可短，只要当事人和法官都没有异议，程序就可以顺利进行。只不过事后需要补办一下放弃答辩期之类的手续，并由当事人签字确认。这种事后补认的情况，表面上有违反程序规范之嫌，但实际上不仅能节约司法资源（时间、人力、物力、财力等），而且也往往能得到当事人的认可，在迅速推进案件审理程序中促使审理结果迅速出炉。

而在庭审过程中，法官在法庭上的法言法语不得不适时地转化为方言和生活语言，才能顺利和当事人沟通，以进一步推进庭审程序。例如，很多第一次来基层法院诉讼的普通民众并不理解法官口中要求原告、被告"质证"的含义。只有当法官用方言和生活语言将"质证"翻译为"说说对证据有什么看法"时，原告才能顺利地配合庭审程序的进行。同理，类似"陈述""申请回避"等程序术语都需要在庭审时适时进行语言转换。司法语言有助于产生中立化和普适化的效果（布迪厄，1999：504），是彰显程序正义的有力工具，但是在法庭空间内，当冷冰冰的法言法语和活生生的生活语言相遇的时候，就需要法官或律师不断地用生活语言来阐明程序上的法言法语。

另外，尽管《关于民事诉讼证据规则的若干规定》对举证期限有详细规定，但法官在面对当事人"不举证"时，不仅要一次次地延长举证期限，有时甚至得违反程序规定亲自去调查取证。例如"兽医站案"中，办案法官就多次亲赴农业局等部门调研。而在质证环节，按规定那些未经当庭质证的证据是不能采信的,但实际上法官常常将那些与案件关联紧密,却没有经过当庭质证的证据材料,作为审理结果的考量依据。例如"矽肺案"中,实际上很多矽肺患者原告当年在镇办企业做工的时候,并没有实际的劳动合同,有些原告甚至只是以临时工身份帮忙干活了一阵子。但是法院不能就此轻易地认定镇办企业与原告们不存在关联。

(三)程序正义理念来自行动者的感受和认同。在程序运作过程中,指导程序操作的理念来自法官、原告、被告、代理人等对案件审理结果的认同,行动者所接受、所认同的程序正义理念始终是在审理程序中被不断建构的,带有很强的情境性。即使法官想严格地按照程序正义设计的审理程序去办,但当当事人更注重结果时,双方对正义的理解就会产生巨大反差。例如,在接受案件审理结果的前提下,程序步骤往往可以简化(如案件审理的简易程序),当事人可以超过举证期限(如"矽肺案"),质证可以庭外进行。还有一些基层法官在第一次开庭时就尽量把能走的程序都完成,单把质疑某些未确证的证据这步留下来。等过些时日,证据补齐了,法官再让当事人在法官办公室质证。这实际上重构了程序规范,而这样一种变通的质证方式,法官和当事人都认为并不影响当事人的程序权益。而如果严格按照程序规范来进行,当一次开庭不能结案的时候,当庭质证的程序规范往往意味着法官还需要对案件再次开庭,这很容易给基层法院的审理工作带来庞大的工作量压力,上述对质证程序的变通,正是在"案多人少"的情况下,法官采取的现实策略。

另外,尽管行动者都认同了程序过程,但是当审理结果不被接受时,程序上的任何问题都有可能被作为理由堂而皇之地提出,以诟病甚至推翻原先的审理。正因为如此,基层法院法官在审理案件时,虽然对程序操作存在创新、变通、重构,但是往往非常小心地处理程序的形式。如对起诉状,法官往往要求原告按照格式规范的要求,重新进行规范填写;对当事人放弃答辩期的口头应许,要求事后进行补签字确认;在案卷制作的最后环节,法官会将案件审理过程的所有材料、证据用清单的方式一一列明,以备进行审查,防止从程序上被揪出疏漏。

可见,制度设计的程序正义是一回事,实践中的程序正义又是另外一回事,程序正义存在着一个不断变化的、丰富的、在实践中建构的过程。建构性程序正义在行动者互动的基础上展开,是在朝向法律规范的过程中,对"法律文本"上的程序正义的创新、变通、重构的过程中动态地建立起来的,并得到了行动者的认同,从而赋予了程序本身新的规范和价值。进一步说,为实现法律意义上的程序正义而建立的诉讼制度和现实诉讼实践之间、法律的理想和现实之间存在着相当程度的张力,这是因为诉讼过程是包括法官、当事人等各方行动者的互动过程,各行为主体的行动策略、所具有的行动资源和关于正义的理念的差异都会对此过程产生影响。另外,法律规范与实践之间的张力固然普遍存在,但其间张力的程度、表现的形式和成因却相去甚远,它与特定社会的社会结构、法律传统、文化观念等密切相关。也就是说,对程序正义的分析需从行动者出发来看"行动者建构出来的正义",关注程序正义的"情境性"和"互动性",考虑纠纷的社会背景、社会力量、政治干预如何"嵌入"案件审理的过程,即"不是将法院仅仅视为一个致力于清理社会混乱的机构,而宁可把它看作一个当事人实施具有多种意义的行动之竞技场"(纳德尔、托德,2007)。因此,作为诉讼制度和审理程序遵循的程序正义并非一成不变的静态的"标准",或者是法律文本中的一个"范畴",它是活生生的,既是在各种客观因素的作用下形成的,而且也是行动者主观建构的产物。

综合来看,基层法院纠纷解决的实践过程充满了对按程序正义设计的案件审理程序的创新、变通和重构。在程序的每一个节点,在不同的案件情境中,程序运作都有可能被行动者创新,以变通的方式完成程序,行动者在接受结果的同时也间接地认同了重构的程序。更进一步,在基层法院的实践中,建构性程序正义还常带有很强的情境性,它需要不断适应行动者在不同情境中所认同的正义价值,如案件审理的方便和经济性,以及审理结果所引起的正面社会效果。而这,恰又说明建构性程序正义具有深刻的中国历史背景。清末以来,尽管中国很长时间处于革命和运动之中,但对西方法律制度的学习和移植却差不多一直延续着(强世功,2003:3)。新中国建立以后,国家也一直致力于加强法制建设,但种种原因延缓甚至中断了这一建设进程。改革开放以来,随着社会转型和中国融入全球政治经济进程的不断加深,法制建设越来越重要,依法治国，建设社会主义法治国家也愈来愈迫切。但在一个缺乏程序法治传统的国家进行司法改革和法制建设，既缺少经验也缺乏相应的法律资源，在这种情况下，将目光投向西方国家的司法制度，尤其是英美程序正义的法律文化传统就成为一种很难拒绝的选择（徐亚文，2004：27）。程序正义及其相应的诉讼制度，作为一种"舶来品"，是否能够在中国的土壤中扎根和生长？应当进行怎样的改变和创新从而更适合中国的国情？如何才能使其在基层法院的实践中为普通民众所接受和理解？凡此种种问题不仅关系到国家"依法治国"的理想能否实现，而且也关系到广大民众是否能够真正获得正义。因此，对程序实际运作情况进行研究，在法院诉讼、审理程序的每一个程序节点上对法官、当事人等各方行动者互动过程进行研究，才有可能寻找出这些问题的答案。"建构性程序正义"有助于我们理解程序正义在基层法院纠纷解决实践中的价值和意义。

**二 建构性程序正义的延伸讨论**

那么，制度设计的程序正义为什么在基层法院常常遇到解构、变通和重构？这里，我们有必要重新审视程序运作的背景来寻求答案。在纠纷解决过程中，程序毕竟不会自主运行，它需要行动者的参与才能运转。作为司法程序的主要参与者，法官和案件当事人双方都受到司法以外的社区和国家力量的影响。

*（一）外部约束：民众正义理念与国家话语*

首先，法官的角色定位受到传统情理观念影响。民众对法官的期待首先不是作为一个处理案件的技术官僚，而"应当是"一个可以解决纠纷的正义裁决者。而当法官脱下法袍，他又和当地普通民众一样，都是基层社区的成员，对程序正义的理解受社区的传统观念的影响。正因为如此，法官会一次次地在程序正义上向结果正义、向社区的情理压力妥协。法官对案件的裁决不单依据法律程序的逻辑，同时也受社区价值观念的影响。对老百姓来说，上法院打官司改变了处理纠纷的场所，但并没有根本改变他们在处理纠纷上的观念。老百姓重视的依然是基于审理结果的实体正义，而不是基于审理过程的程序正义。

其次，基层法院也是国家权力组织网络伸向基层社会的触角。"法律必须服从政治的要求，政治也要借助法律的技术"（强世功，2003：123）。近年来，国家鼓励民众将纠纷提交法院来解决，同时淡化其他有可能带来社会不稳定的纠纷提交方式，如上访等。法官处理案件时需慎重考虑案件的社会影响，谨慎应对群体性案件（如外嫁女、改制单位退休人员案件）。因此，法官关注的重点不是程序正义的具体实践，而是用程序的合法性，帮助处理案件以维护基层社会的稳定。

（二）司法与权力的双重场域

从制度设计来讲，司法程序运行在司法场域之中。司法场域中的纠纷只能以司法的方式来解决，要"依照这个场域本身的规则和常规来解决"（布迪厄，1987：519）。司法场域的运行机制是按照设计的程序要求，按部就班地将纠纷送入审理流程，最终生产出符合程序正义的司法产品。司法场域的逻辑是正义而且是"看得见的正义"。

现实中，基层法院不单是司法组织，它同时也兼具党政组织的特点。司法程序不单运行在司法场域中，也运行在权力场域中。法院内外领导的干预、审判委员会的决定、上级法院的指导意见等都会对案件的最终审理结果产生影响。权力场域的运行机制是以社会稳定、国家利益为目标，纠纷在每一个程序环节都可能被权力隐蔽地再加工，而法律程序为政治权力的运作提供了一种貌似公正的方式。权力场域的逻辑是权力而且是"看不见的权力"。

司法场域和权力场域相互竞争、相互影响，程序正义在案件的审理流程中被不断地建构出新的规范和理念。程序正义的制度设计可以日臻完美，但程序正义的运作在实践中需考虑各方面的因素，具有很大的权宜性。N法官说："法律很多东西往往是滞后的，所以说新的问题出来了，法律可能跟不上。如果全部按法律来呢，可能你做出来的东西不符合或者不能真正体现公正……既要考虑法律，又要考虑国家政策，也要考虑国家的政治。根据实际情况，有机地结合起来，综合考虑怎样对社会稳定、对社会发展有用。"L法官认为："在新形势下，要跟住这个时代跑，要考虑国家的政策，要考虑国家政治的需要。这个政治的需要，包括国家的利益，包括新时期符合大众认可……公正，如果大众都不认可，我认为不是完全公正的。"

可见，形成建构性的程序正义的表面原因是程序正义受到民众正义理念与国家话语的外部约束，但其深层的背景是基层法院的司法程序运行在司法和权力的双重场域之中。案件审理既不是完全按照设计的程序正义要求在操作，也不是完全被权力的影响所钳制。在整个过程中，行动者特别是法官和当事人之间的互动，成为最终达成一种新的程序正义的关键。

（三）程序正义的双重意义

对基层法院纠纷解决过程的分析表明：程序既具有工具价值，即它是达致实体正义的手段；同时本身也具有实现正义理念，如平等、参与、公开等的形式价值。建构性的程序正义正是包含了程序的双重意义，兼具工具性和形式性。例如劳动争议类案件，法官在审理时既考虑到程序的工具作用，即是否能够实现实体正义；同时也考虑到坚持程序原则，体现法律程序本身的正义价值。

需要指出的是，法律程序本身所具有的正义价值，容易被一些人用来作为达到其他目的的工具。这些目的可能是为了实现公正的结果，如土地安置费类案件；也可能是为了实现不公正的结果，如劳动争议类案件。不仅如此，程序也是国家权力运作的重要工具，"兽医站案"就是以程序规定为由而被驳回。可见，"程序价值不是泛指评价程序的所有价值标准，而是专指通过程序本身而不是通过程序结果所体现的价值标准"（陈瑞华，1999）。因此，凡是严格按照程序审理的结果就应是公正、合理的决定，而要推翻审理结果，诟病程序本身就成为一种有力的工具，法院因此需要通过格式化诉讼状、补签字、案卷制作等一系列操作作为应对。

当然，在讨论程序本身的价值时，也要看它前提是否满足程序正义的"普适标准"，如平等、参与、公开等。比如当事人双方虽然有平等的法律地位和法律权利，但在拥有的法律和经济资源上可能相当不平等，如雇主与雇员、领导和一般工作人员。再比如法律虽然赋予了当事人参与权，但由于法律知识的缺乏某些当事人可能无法积极有效地参与，如"案由解释权"代替"案由决定权"（朱涛，2015）。因此在基层法院的实践中，建构性的程序正义常带有很强的情境性，它需要不断适应行动者在不同情境中所认同的正义价值。

在中国社会的转型过程中，法治的理想图景之一是力图用程序正义的理念来统领司法解纠领域。法治不单是法律改革，也是一场社会改革。对基层法院纠纷解决与司法程序运作的研究，从理论上是在回应法律社会学研究的经典主题，即实践中的法律没能实现它的公正理念或理想。为此，着眼司法程序的过程正是法律（或者说国家的治理力量）与普通民众通过纠纷在直接互动。从现实意义来说，在当代中国社会，国家正雄心勃勃地通过推动法治来改造社会。法治在今天已经不是简单的理想，它正通过法律运作，在纠纷解决的过程中深入社会生活并影响普通民众的生活世界。通过对法院解决纠纷的研究有可能来透视中国基层社会治理结构的转型，观察国家和社会生活如何在基层司法场域中互动。同时，也是为轰轰烈烈的法治运动提供参考和反思。

## 第二节　本书的意义和不足

纠纷的发生不可避免，而纠纷能否妥善地化解则考验着社会治理的智慧和能力。当前我国社会结构深刻变革，社会矛盾多样化、复杂化，矛盾纠纷解决难度也在加大。在新的形势下，原有的纠纷解决方式和机制需因势而为，紧密结合实际，不断创新，将纠纷化解在基层，从而推进基层社会治理的现代化。可见纠纷解决研究紧密结合了当前全社会加强和创新社会治理，全面推进社会建设的现实背景，将为"依法治国"在基层社会的实施，建设"平安中国"提供有价值的参考。同时在理论探索层面，本书进一步探讨了基层法治、基层社会治理秩序何以可能等重要学术议题。具体来说，本书力图在如下方面对既有纠纷解决相关研究补充推进。

一是强调多元纠纷解决机制的多元一体。当前，民间与官方的解纠方式，传统与新型的解纠方式，合意和强制的解纠方式等并存不悖，具有中国特色的多元纠纷解决体系已经初步形成（梁平、孔令章，2011：147）。本书认为，基于历史和现实因素，各类纠纷解决方式有其合理的一面，同时在新形势下也面临着挑战。为此，本书从"多元治理"的角度，倡导调解、仲裁、诉讼甚至信访解纠形成合力，相互协调，形成治理纠纷而不是管治纠纷的一体化格局。在"多元一体"格局下，人民调解、行政调解、司法调解联动，调解、仲裁、诉讼相互衔接，而非法律性纠纷则走信访渠道，从而使各类纠纷能纳入多种纠纷解决机制所组成的体系中来。

二是主张"法治"对各类纠纷解决方式的统领作用。本书强调司法解纠，特别是法院在纠纷解决中的重要作用。为此，重点研究了基层法院解决纠纷的过程及其发挥的功能，突出其作为国家法律与民众司法实践直接接触平台的特色，从程序之治的维度细致梳理了法院纠纷解决的流程，提出了"指标约束下的繁简分流""程序的双重语言解释"等解释，试图展示基层纠纷解决的复杂图景。

三是厘清纠纷转化与纠纷解决的不同侧重。本书通过对纠纷立案过程的剖析，指出既有研究重视纠纷解决的过程，而常常忽略纠纷本身的转化。事实上，纠纷解决的研究重点不在纠纷本身，而更多关注各种社会规则（包括法律）之间的互动与关系问题（储卉娟，2010；郭星华，2013：144）。纠纷解决研究包含解决机制、解决对象、解决机构等方面，是对纠纷的应对，而纠纷转化研究的重点在于纠纷本身状态、性质的变化，即纠纷的产生、发展、消弭等。在纠纷转化过程中，并不是所有初级层次的纠纷（如不满）都会求助于司法，进而上升到案件层面。同时，那些被带到法院的纠纷并不会自然地转化为案件，纠纷要转化为案件，立案过程是关键。倘若"跳跃"这一过程，纠纷的转化将出现"空白"或"断裂"。另外，就立案而言，立案前置于调解、仲裁、判决这些具体的纠纷解决方式，是司法解决纠纷的前提，本书从"纠纷格式化"这一概念来概括立案过程，并指出蕴含于其中的"过滤—包装"机制。

四是重视分析纠纷解决研究的社会背景。以往类似研究侧重不同纠纷解决方式的不同功能联系，很少对纠纷解决方式所处的社会结构进行分析，而本书关注到社会结构对纠纷解决方式的形塑作用，并提出结合不同的社会结构、社会背景来探讨新型多元纠纷解决机制。为此，本书分析了社会变迁与诉讼数据的关联模型，即随机型、直线型、曲（折）线型、周期型，指出在应用欧美的社会变迁与诉讼数据的关联模型来观照中国社会时，至少有三点应当引起注意，即地域效应、案件类型、文化和制度效应。特别是经济社会的发展虽然是影响诉讼率的重要因素，但法律文化、法律制度等也对各个地区诉讼率的影响力巨大。

五是重视纠纷解决的程序过程和意义解释。本书认为基层社会纠纷解决是包括当事人在内的各方行动者的互动过程，各行为主体的行动策略、所具有的行动资源和关于正义的理念差异都会对此过程产生影响。纠纷解决的规范与实践之间的张力普遍存在，但其间张力的程度、表现的形式和成因却相去甚远，它与特定社会的社会结构、法律传统、文化观念、话语体系等密切相关。为此，本书梳理了立案、庭审、庭审后等针对纠纷的程序运作过程，分析当事人和法官之间的多重互动，并就互动过程中的话语解释、程序的解构与建构做了较为深入的解读，提出"建构性的程序正义"这一观点，即在程序的每一个节点，在不同的案件情境中，程序运作都有可能被行动者创新，以变通的方式完成程序，行动者在接受结果的同时也间接地认同了重构的程序，这包含规范由行动者在互动情境中定义；程序运作取决于行动者各方的博弈；程序正义理念来自行动者的感受和认同等方面。

六是探讨纠纷解决中公正观念的民间认同。本书认为公正观念的民间认同的视角是自下而上，是由民间指向官方的、制度性的、法律认可的各种公正观念。该视角认为在公正观念的抽象原则下，官方和民间可能存在不同的、丰富变化的对抽象原则的具体解读，使得官方认同和民间认同既可能相互一致也可能相互冲突。上述从主观角度出发的解释维度有别于以往"实践"或"利益分配"的维度，提醒我们在解释法律秩序"正当性"的达成与社会变迁时需注意民间认同维度。

综合来看，本书对纠纷及其解决过程的研究，既强调多元机制对纠纷解决的作用，同时也强调法治、程序等在纠纷解决中的特殊地位。即纠纷解决需实现法律效果和社会效果的统一，在法治的轨道上、在社会的场域中推进社会治理，辩证认识社会治理的法治化。

必须要承认的是，在纠纷解决这一研究主题下，本书也还存在不足：

一是宏观研究的不足。为获得第一手的研究资料，笔者先后在北京、浙江、河北、山东、重庆、天津、江西、贵州、云南等地进行了实地调查,走访了基层法院、信访办、司法所、综合治理中心等各地纠纷解决的相关部门,但缺乏全国层面的纠纷解决的统计资料。这使得研究更多的是多个"点"的研究,没有形成一个大"面"的整体的、较为宏观的研究图景。

二是个案研究的不足。本书是关于中国基层法院纠纷解决的实证研究,但事实上难以对中国三千多个基层法院的现实提供一个整体性的图景。尤其是考虑到中国不同地区的差异性,要想从本书来推论整个中国司法运作与纠纷解决的现实并不可行。此外,由于实际的法院调查中,案件的发生往往具有相当大的随机性,因此在某些时段调查中能旁听到的案件审理也就具有随机性,这限制了可供选择的个案范围,也使得本书的分析受到限制。但是,在基层法院总有大量新的案件在涌入,这些新的案件和旧的案件一起,正一点一点地累积起来,沉积为一座学术研究的富矿。

三是理论建构的不足。纠纷解决的实践及其过程的复杂性远超研究的想象。本书尽管尽可能应用一手资料进行细致研究,但对纠纷解决议题的理论把握仍存在不足。本书虽然尝试提出了"纠纷格式化""过滤—包装"机制、"建构性程序正义"等概念来统领、论证基层社会多元纠纷解决机制的构建,但概念的打磨还存在不足,这也导致在提供令人兴奋的理论解读和构建方面存在局限,对材料的把握、应用也需进一步完善。

鉴于上述甚至更多的不足,未来进一步的研究希望在如下方面展开:一是加强材料挖掘,特别是从大量的经验材料中压出思想的"油",如就某一类具体的案件进行分析,或者完整追踪典型个案的程序全过程,尝试一种以案件为中心的分析路径。二是对法院的案卷进行数据化的整理,建立数据档案库,并进行较长时段的量化分析。三是在理论梳理的同时,更加重视研究分析框架的建立、研究成果的对话与推进,包括细化打磨、提炼更具有解释力的核心概念和理论观点。

# 参考文献

## 中文文献

白岱恩：《民事诉讼供求的经济分析》，《政法论丛》2003年第4期。

柏兰芝：《集体的重构：珠江三角洲地区农村产权制度的演变》，《开放时代》2013年第3期。

陈柏峰：《中国法治社会的结构及其运行机制》，《中国社会科学》2019年第1期。

陈柏峰：《"祖业"观念与民间地权秩序的构造》，《社会学研究》2020年第1期。

陈广胜：《将信访纳入法治的轨道——转型期信访制度改革的路径选择》，《浙江社会科学》2010年第4期。

陈洪杰：《从程序正义到摆平"正义"：法官的多重角色分析》，《法制与社会发展》2011年第2期。

陈瑞华：《走向综合性程序价值理论——贝勒斯程序正义理论述评》，《中国社会科学》1999年第6期。

陈瑞华：《程序正义的理论基础——评马修的"尊严价值理论"》，《中国法学》2000年第3期。

程金华：《中国行政纠纷解决的制度选择——以公民需求为视角》，《中国社会科学》2009年第6期。

程金华、吴晓刚：《社会阶层与民事纠纷的解决——转型时期中国的社会分化与法治发展》，《社会学研究》2010年第2期。

程秀英：《从政治呼号到法律逻辑——对中国工人抗争政治的话语分

析》,《开放时代》2012 年第 11 期。

储卉娟:《暴力的弱者——对传统纠纷解决研究的补充》,《学术研究》2010 年第 2 期。

储卉娟:《从暴力犯罪看乡村秩序及其"豪强化"危险》,《社会》2012 年第 3 期。

戴威:《农村集体经济组织成员资格制度研究》,《法商研究》2016 年第 6 期。

邓燕华:《社会建设视角下社会组织的情境合法性》,《中国社会科学》2019 年第 6 期。

丁卫:《秦窑法庭——基层司法的实践逻辑》,生活·读书·新知三联书店 2014 年版。

董磊明、陈柏峰、聂良波:《结构混乱与迎法下乡——河南宋村法律实践的解读》,《中国社会科学》2008 年第 5 期。

杜健荣:《法社会学视野中的程序正义》,《政法论丛》2007 年第 6 期。

段文波:《论民事一审之立案程序》,《法学评论》2012 年第 5 期。

范愉:《简论马锡五审判方式:一种民事诉讼模式的形成及其历史命运》,《清华法律评论》第 2 辑,清华大学出版社 1999 年版。

范愉:《纠纷解决与民间社会规范》,《洪范评论》第 8 期,中国法制出版社 2007 年版。

范愉:《多元化纠纷解决机制与和谐社会的构建》,经济科学出版社 2011 年版。

冯仕政:《当代中国的社会治理与政治秩序》,中国人民大学出版社 2013 年版。

傅华伶:《从乡村法律制度的建设看法律与发展》,《洪范评论》第 1 期,中国法制出版社 2004 年版。

傅郁林:《中国民事诉讼立案程序的功能与结构》,《法学家》2011 年第 1 期。

耿宝建:《行政纠纷解决的路径选择》,法律出版社 2013 年版。

顾培东:《人民法院内部审判运行机制的构建》,《法学研究》2011

年第 4 期。

管兵：《走向法庭还是走上街头：超越维权困境的一条行动路径》，《社会》2015 年第 6 期。

管洪彦：《村规民约认定农民集体成员资格的成因、局限与司法审查》，《政法论丛》2012 年第 5 期。

管洪彦：《农民集体成员权：中国特色的民事权利制度创新》，《法学论坛》2016 年第 2 期。

郭俊霞：《征地补偿分配中的"外来户"与集体成员权》，《华中科技大学学报》（社会科学版）2015 年第 6 期。

郭星华：《社会转型中的纠纷解决》，中国人民大学出版社 2013 年版。

郭星华、曲麒翰：《纠纷金字塔的漏斗化》，《广西民族大学学报》（哲学社会科学版）2011 年第 4 期。

韩波：《民事诉讼率：中国与印度的初步比较》，《法学评论》2012 年第 2 期。

贺欣：《我国经济案件数量近年意外下降的原因考察》，《现代法学》2007 年第 1 期。

洪浩：《非讼方式：农村民事纠纷解决的主要途径》，《法学》2006 年第 11 期。

侯猛：《当代中国政法体制的形成及意义》，《法学研究》2016 年第 6 期。

黄宗智：《清代的法律、社会与文化：民法的表达与实践》，上海书店出版社 2001 年版。

黄宗智：《法典、习俗与司法实践：清代与民国的比较》，上海书店出版社 2003 年版。

黄宗智：《中国民事判决的过去和现在》，《清华法学》第 10 辑，清华大学出版社 2007 年版。

黄宗智：《中国法律的实践历史研究》，《开放时代》2008 年第 4 期。

季卫东：《程序比较论》，《比较法研究》1993 年第 1 期。

季卫东：《从边缘到中心：20 世纪美国的"法和社会"研究运动》，

《北大法律评论》第 2 卷第 2 辑,北京大学出版社 1999 年版。

江必新、王红霞:《法治社会建设论纲》,《中国社会科学》2014 年第 1 期。

强世功:《法治与治理:转型国家中的法律》,中国政法大学出版社 2003 年版。

蒋永甫:《农民发展 70 年:从"身份"到"契约"的演进》,《江汉论坛》2019 年第 12 期。

康均心:《法院改革研究》,中国政法大学出版社 2004 年版。

柯阳友、高玉珍:《诉讼内外纠纷解决机制的分流、协调与整合》,《河北法学》2006 年第 8 期。

李爱荣:《集体经济组织成员权中的身份问题探析》,《南京农业大学学报》(社会科学版)2016 年第 4 期。

李可:《集体重构中的成员权》,《社会发展研究》2015 年第 4 期。

李猛:《监狱与性:权力的谱系学》,杨善华主编《当代西方社会学理论》,北京大学出版社 1999 年版。

李瑜青:《法律社会学理论与应用》,上海大学出版社 2007 年版。

梁平、孔令章:《转型社会多元化纠纷解决机制实证研究》,河北人民出版社 2011 年版。

梁治平:《法律文化解释》,生活·读书·新知三联书店 1998 年版。

廖美珍:《法庭问答及其互动研究》,法律出版社 2003 年版。

廖永安、李世锋:《我国民事合议制度之运行现状》,《社会科学》2008 年第 4 期。

凌斌:《当代中国法治实践中的"法民关系"》,《中国社会科学》2013 年第 1 期。

刘思达:《法律移植与合法性冲突》,《社会学研究》2005 年第 3 期。

刘思达:《当代中国日常法律工作的意涵变迁(1979—2003)》,《中国社会科学》2007 年第 2 期。

刘思达:《美国"法律与社会运动"的兴起与批判》,《交大法学》2016 年第 1 期。

刘思达、吴洪淇:《法律边疆地区的纠纷解决与职业系统》,《社会学研究》2010 年第 1 期。

刘文会：《当前纠纷解决理论法哲学基础的反思与超越》，中国政法大学出版社 2013 年版。

刘玉照、田青：《"集体"成员身份界定中的多重社会边界》，《学海》2017 年第 2 期。

刘悦：《中国财产继承法律制度研究》，中国海关出版社 2003 年版。

刘正强：《"甩干"机制：中国乡村司法的运行逻辑》，《社会》2014 年第 5 期。

龙宗智：《审判管理：功效、局限及界限把握》，《法学研究》2011 年第 4 期。

卢晖临、李雪：《如何走出个案——从个案研究到扩展个案研究》，《中国社会科学》2007 年第 1 期。

陆学艺：《中国社会矛盾的社会结构分析》，《信访与社会矛盾问题研究》第 1 期，中国民主法制出版社 2010 年版。

陆益龙：《纠纷解决的法社会学研究：问题及范式》，《湖南社会科学》2009 年第 1 期。

陆益龙：《转型中国的纠纷与秩序——法社会学的经验研究》，中国人民大学出版社 2015 年版。

陆益龙：《乡村民间纠纷的异化及其治理路径》，《中国社会科学》2019 年第 10 期。

冉井富：《当代中国民事诉讼率变迁研究——一个比较法社会学的视角》，中国人民大学出版社 2005 年版。

申静、王汉生：《集体产权在中国乡村生活中的实践逻辑——社会学视角下的产权建构过程》，《社会学研究》2005 年第 1 期。

宋冰：《程序、正义与现代化》，中国政法大学出版社 1998 年版。

苏力：《法治及其本土资源》，中国政法大学出版社 1996 年版。

苏力：《送法下乡——中国基层司法制度研究》，中国政法大学出版社 2000 年版。

苏力：《无需法律的秩序》，《环球法律评论》春季号 2004 年。

汤鸣、李浩：《民事诉讼率：主要影响因素之分析》，《法学家》2006

年第 3 期。

汤维建：《群体性纠纷诉讼解决机制论》，北京大学出版社 2008 年版。

童列春：《论中国农民成员权》，《浙江大学学报（人文社会科学版）》2015 年第 2 期。

王汉生：《中国城市的调解制度及运作方式》，《北京工业大学学报》（社会科学版）2007 年第 2 期。

王汉生、王迪：《农村民间纠纷调解中的公平建构与公平逻辑》，《社会》2012 年第 2 期。

王铭铭、王斯福主编：《乡土社会的公正、秩序与权威》，中国政法大学出版社 1997 年版。

王明新：《关于塑造中国职业法官群体的几个问题》，《江苏社会科学》2006 年第 3 期。

王松：《民事裁判文书应繁简分流》，《法律适用》2006 年第 12 期。

王肃元：《论我国纠纷解决制度中的资源配置效率》，《中国法学》1998 年第 5 期。

王亚明：《历史法学派思想对我国纠纷解决方式的启示》，《北方论丛》2006 年第 5 期。

王亚新：《社会变革中的民事诉讼》，中国法制出版社 2001 年版。

王亚新：《实践中的民事审判——四个中级法院民事一审程序的运作》，《现代法学》2003 年第 5 期。

王亚新：《程序·制度·组织——基层法院日常的程序运作与治理结构转型》，《中国社会科学》2004 年第 3 期。

王亚新：《法律程序运作的实证分析》，法律出版社 2005 年版。

王以真：《外国刑事诉讼法》，北京大学出版社 2004 年版。

文军、吴越菲：《流失"村民"的村落：传统村落的转型及其乡村性反思》，《社会学研究》2017 年第 4 期。

吴宏文、葛雪梅：《合同纠纷解决机制的选择》，《经济与法》2003 年第 1 期。

吴兴国：《集体组织成员资格及成员权研究》，《法学杂志》2006 年第 2 期。

肖阳、范晓光、雷鸣：《权力作用下中国城市居民的纠纷卷入与应对》，《社会》2014 年第 1 期。

邢朝国：《村民自治与征地补偿费的村级分配》，《社会学评论》2014 年第 2 期。

徐亚文：《程序正义论》，山东人民出版社 2004 年版。

许尚豪、欧元捷：《有诉必案——立案模式及立案登记制构建研究》，《山东社会科学》2015 年第 7 期。

杨帆：《论现代社会纠纷解决机制的发展与完善》，《江西社会科学》2006 年第 3 期。

杨帆：《法国法社会学的发展与转型》，《法学家》2018 年第 1 期。

应星：《作为特殊行政救济的信访救济》，《法学研究》2004 年第 3 期。

应星：《"气"与抗争政治》，社会科学文献出版社 2011 年版。

应星、徐胤：《"立案政治学"与行政诉讼率的徘徊》，《政法论坛》2009 年第 6 期。

于建嵘：《当前农民维权活动的一个解释框架》，《社会学研究》2004 年第 2 期。

余练：《地权纠纷中的集体成员权表达》，《华南农业大学学报》（社会科学版）2017 年第 3 期。

张彬村：《明清时期寡妇守节的风气——理性选择的问题》，《新史学》1999 年第 10 卷第 2 期。

张光、Jennifer R. Wilking、于淼：《中国农民的公平观念：基于村委会选举调查的实证研究》，《社会学研究》2010 年第 1 期。

张红：《农地纠纷、村民自治与涉农信访——以北京市调研为依据》，《中国法学》2011 年第 5 期。

张丽霞：《民事涉诉信访制度研究》，法律出版社 2010 年版。

张明慧、孟一江、龙贺兴、刘金龙：《社会界面视角下农村成员权认定的实践逻辑》，《中国农业大学学报》（社会科学版）2014 年第 1 期。

张静：《二元整合秩序：一个财产纠纷案的分析》，《社会学研究》

2005 年第 3 期。

张静：《身份认同研究》，上海人民出版社 2006 年版。

张静：《案例分析的目标：从故事到知识》，《中国社会科学》2018 年第 8 期。

张佩国：《公产与私产之间——"公社"解体之际的村队成员权及其制度逻辑》，《社会学研究》2006 年第 5 期。

张榕：《我国非诉讼纠纷解决机制的合理建构》，《厦门大学学报》（哲学社会科学版）2006 年第 2 期。

张泰苏：《中国人在行政纠纷中为何偏好信访》，《社会学研究》2009 年第 3 期。

张卫平：《起诉难：一个中国问题的思索》，《法学研究》2009 年第 6 期。

赵晓力：《关系/事件、行动策略和法律的叙事》，王铭铭、王斯福主编《乡土社会的公正、秩序与权威》，中国政法大学出版社 1997 年版。

赵旭东：《权力与公正：乡土社会的纠纷解决与权威多元》，天津古籍出版社 2003 年版。

赵旭东：《纠纷与纠纷解决原论》，北京大学出版社 2009 年版。

折晓叶：《土地产权的动态建构机制——一个"追索权"分析视角》，《社会学研究》2018 年第 3 期。

折晓叶、陈婴婴：《产权怎样界定——一份集体产权私化的社会文本》，《社会学研究》2005 年第 4 期。

郑戈：《规范、秩序与传统》，王铭铭、王斯福主编《乡土社会的公正、秩序与权威》，中国政法大学出版社 1997 年版。

郑戈：《法学是一门社会科学吗?》，《北大法律评论》第 1 卷第 1 辑，北京大学出版社 1999 年版。

周尚君：《党管政法：党与政法关系的演进》，《法学研究》2017 年第 1 期。

周雪光：《中国国家治理的制度逻辑：一个组织学研究》，生活·读书·新知三联书店 2017 年版。

朱景文：《中国诉讼分流的数据分析》，《中国社会科学》2008 年第

3 期。

朱涛：《法律实践中的话语竞争》，《社会学研究》2010 年第 6 期。

朱涛：《纠纷解决视角下的信访》，《信访与社会矛盾问题研究》2011 年第 3 期。

朱涛：《基层法院实践中的建构性程序正义》，《法学论坛》2012 年第 6 期。

朱涛：《社会变迁中的诉讼数据：国际经验与中国现实》，《国家行政学院学报》2014 年第 1 期。

朱涛：《纠纷格式化：立案过程中的纠纷转化研究》，《社会学研究》2015 年第 6 期。

朱涛：《管理合法性：城市基层政府的法律行动研究》，《社会学研究》2021 年第 3 期。

朱晓阳：《"延伸个案"与一个农民社区的变迁》，《中国社会科学评论》2004 年第 2 卷。

**中译文献**

［美］白凯：《中国的妇女与财产：960—1949 年》，上海书店出版社 2003 年版。

［美］贝勒斯：《法律的原则——一个规范的分析》，张文显等译，中国大百科全书出版社 1996 年版。

［美］贝勒斯：《程序正义——向个人的分配》，邓海平译，高等教育出版社 2005 年版。

［美］博登海默：《法理学、法律哲学与法律方法》，邓正来译，中国政法大学出版社 2004 年版。

［美］博西格诺：《法律之门》，邓子滨译，华夏出版社 2007 年版。

［法］布迪厄：《法律的力量——迈向司法场域的社会学》，强世功译，《北大法律评论》第 2 卷第 2 辑，北京大学出版社 1999 年版。

［美］达玛什卡：《司法和国家权力的多种面孔——比较视野中的法律程序》，郑戈译，中国政法大学出版社 2015 年版。

［法］福柯：《规训与惩罚：监狱的诞生》，刘北成、杨远婴译，生

活·读书·新知三联书店1999年版。

［法］弗雷德曼：《美国司法制度历史断面之剖析》，载小岛武司等著《司法制度的历史与未来》，汪祖兴译，法律出版社2000年版。

［美］格尔兹：《文化的解释》，纳日碧力戈等译，上海人民出版社1999年版。

［德］哈贝马斯：《在事实和规范之间——关于法律和民主法治国的商谈理论》，童世骏译，生活·读书·新知三联书店2003年版。

［美］汉密尔顿等：《联邦党人文集》，程逢如等译，商务印书馆1980年版。

［日］谷口安平：《程序的正义与诉讼》，王亚新、刘荣军译，中国政法大学出版社1996年版。

［日］谷口安平：《程序公正》，宋冰主编《程序、正义与现代化》，中国政法大学出版社1998年版。

［美］康利、奥巴尔：《法律、语言与权力》，程朝阳译，法律出版社2007年版。

［美］罗尔斯：《正义论》，何怀宏等译，中国社会科学出版社2003年版。

［英］梅因：《古代法》，沈景一译，商务印书馆1995年版。

［美］梅丽：《诉讼的话语——生活在美国社会底层人的法律意识》，郭星华等译，北京大学出版社2007年版。

［美］纳德尔、托德：《人类学视野中纠纷解决：材料、方法与理论》，徐昕译，《洪范评论》第8期，中国法制出版社2007年版。

［美］诺内特、塞尔兹尼克：《转变中的法律与社会：迈向回应型法》，张志铭译，中国政法大学出版社2004年版。

［日］棚濑孝雄：《纠纷的解决与审判制度》，王亚新译，中国政法大学出版社2004年版。

［美］斯科特、W. 理查德：《制度与组织：思想观念、利益偏好与身份认同》第4版，姚伟等译，中国人民大学出版社2020年版。

［法］托克维尔：《论美国的民主》，董果良译，商务印书馆1991年版。

［德］韦伯：《法律社会学》，康乐、简惠美译，广西师范大学出版社 2005 年版。

［德］韦伯：《经济行动与社会团体》，康乐、简惠美译，广西师范大学出版社 2011 年版。

［美］尤伊克、西尔贝：《日常生活与法律》，陆益龙译，商务印书馆 2015 年版。

［日］滋贺秀三：《明清时期的民事审判与民间契约》，王亚新、梁治平译，法律出版社 1998 年版。

［日］滋贺秀三：《中国家族法原理》，张建国、李力译，法律出版社 2003 年版。

**英文文献**

Abel, R., "Law Books and Books about Law", *Stanford Law Review*, 1973, p. 26.

Anderson, E., "Beyond Homo Economics: New Developments in Theories of Social Norms", *Philosophy & Public Affairs*, 2000, p. 29.

Chambliss, W. J., "A Sociological Analysis of the Law of Vagrancy", *Social Problems*, 1964, 12（1）.

Chen, Feng, "Industrial Restructuring and Workers' Resistance in China", *Modern China*, 2003, p. 29.

Clark, David S., "Civil Litigation Trends in Europe and Latin America since 1945: The Advantage of Intracountry Comparisons", *Law & Society Review*, 1990, p. 24.

Cohen, Jerome A., "Reforming China's Civil Procedure: Judging the Courts", *American Journal of Comparative Law*, 1997, p. 45.

Conley, John M. & William M. O'Barr, *Just Words: Law, Language, and Power*, Chicago: University of Chicago Press, 1998/2005.

Deininger, K., S. Q. Jin & F. Xia, "Moving off the Farm: Land Institutions to Facilitate Structural Transformation and Agricultural Productivity Growth in China", *World Development*, 2014, p. 59.

Dworkin, R. , *A Matter of Principle*, Oxford: Clarendon Press, 1985.

Engel, David M. , "The Oven Bird's Song: Insiders, Outsiders, and Personal Injuries in an American Community", *Law & Society Review*, 1984, p. 18.

Engel, David M. , "Litigation across Space and Time: Courts, Conflict, and Social Change", *Law & Society Review*, 1990, p. 24.

Felstiner, William L. F. , R. L. Abel & Austin Sarat, "The Emergence and Transformation of Disputes: Naming, Blaming, Claiming", *Law & Society Review*, 1980 – 1981, p. 15.

Foucault, Micheal, "On Popular Justice: A Discussion with Maoists", In *Power/Knowledge: Selected Interviews and Other Writings* (1972 – 1977), Golin Gordon (ed. ), . The Harvester Press, 1980.

Friedman, Lawrence M. & Robert V. Percival, "A Tale of Two Courts: Litigation in Alameda and San Benito Counties", *Law & Society Review*, 1976, p. 10.

Galanter, Marc, "Reading the Landscape of Disputes: What We Know and Don't Know and Think We Know About Our Allegedly Contentious and Litigious Society", *UCLA Law Review*, 1983, p. 31.

Gallagher, Mary E. , "Mobilizing the Law in China: ' Informed Disenchantment' and the Development of Legal Consciousness", *Law & Society Review*, 2006, p. 40.

Giampietro, Gobo, "Sampling, Representativeness and Generalizability", In*Qualitative Research Practice*, Clive Seale, Giampietro Gobo, Jaber F. Gubrium, & David Silverman (eds. ), London: Sage Publications, 2004.

Harbermas, J. , *The Theory of Communicative Action: Lifeworld and System*, Boston: Beacon Press, 1984.

Hare, Denise, Yang Li & Daniel Englander, "Land Management in Rural China and Its Gender Implications", *Feminist Economics*, 2007, p. 13.

Harvey, Lee, *Critical Social Research*. London: Unwin Hyman Ltd, 1990.

He, Xin, "Why Did They not Take on the Disputes? Law, Power and Politics in the Decision – Making of Chinese Courts," *International Journal of Law in Context*, 2007, p. 3.

He, Xin & Kwai Hang Ng, "Pragmatic Discourse and Gender Inequality in China", *Law & Society Review*, 2013, p. 47.

He, Xin, Lungang Wang & Yang Su, "Above the Roof, Beneath the Law: Perceived Justice among Migrant Wage Claimants in China", *Law & Society Review*, 2013, p. 47.

Holmes, Oliver Wendell, *The Common Law*, Boston: Harvard University Press, 1965.

Hurst, J. Willard, "Introduction", in Francis W. Laurent, *The Business of a State Trial Court*, Madison: University of Wisconsin Press, 1959.

Jerome, Frank, "Mr. Justice Holmes and Non – Euclidian Legal Thinking", *Cornell Law Quarterly*, 1932, p. 17.

Judd, Ellen R. , "No Change for Thirty Years: The Renewed Question of Women's Land Rights in Rural China", *Development and Change*, 2007, p. 38.

Kagan, Robert, "The Routinization of Debt Collection: An Essay on Social Change and Conflict in the Courts", *Law and Society Review*, 1984, p. 18.

Kenworthy, Lane, "The More Thing s Change: Business Litigation and Governance in the American Automobile Industr", *Law and Social Inquiry*, 1996, p. 21.

Landry, Pierre, "The Institutional Diffusion of Courts inChina", In Tom Ginsburg & Tamir Moustafa (eds.), *Rule by Law: The Politics of Courts in Authoritarian Regimes*, Cambridge and New York: Cambridge University Press, 2008.

Lang, W. , T. T. Chen & X. Li, "A New Style of Urbanization in China: Transformation of Urban Rural Communities", *Habitat International* , 2016, p. 55.

Lee, Ching Kwan, *Against the Law: Labor Protests in China's Rustbelt and Sunbelt*, Berkeley: University of California Press, 2007.

Lempert, Richard, "More Tales of Two Courts: Exploring Changes in the 'Dispute Settlement Function' of Trial Courts", *Law & Society Review*, 1978, p. 13.

Lempert, Richard, "Docket Data and 'Local Knowledge': Studying the Court and Society Link over Time", *Law & Society Review*, 1990, p. 24.

Levine, F. J., "Goose Bumps and 'The Search for Signs of Intelligent life' in Sociolegal Studies: After Twenty-Five Years", *Law & Society Review*, 1990, p. 24.

Liebman, Benjamin L., "China's Courts: Restricted Reform", *China Quarterly*, 2007, p. 191.

Liu, Zhaoxu & Liming Liu, "Characteristics and Driving Factors of Rural Livelihood Transition in the East Coastal Region of China: A Case Study of Suburban Shanghai", *Journal of Rural Studies*, 2016, p. 43.

Mashaw, Jerry L., "Administrative Due Process: The Quest for a Dignity Theory", *Boston University Law Review*, 1981, p. 61.

McIntosh, Wayne, "150 Years of Litigation and Dispute Settlement: A Court Tale", *Law & Society Review*, 1980-1981, p. 15.

Merry, Sally Engle, "Going to Court: Strategies of Dispute Management in an American Urban Neighborhood", *Law & Society Review*, 1979, p. 18.

Merry, Sally Engle, *Getting Justice and Getting Even: Legal Consciousness Among Working-Class Americans*. Chicago: University of Chicago Press, 1990.

Michelson, Ethan, "Climbing the Dispute Pagoda: Grievances and Appeals to the Official Justice System in Rural China", *American Sociology Review*, 2007, p. 72.

Michelson, Ethan, "Justice from Above or Justice from Below?" *China Quarterly*, 2008a, p. 193.

Michelson, Ethan, "Dear Lawyer Bao: Everyday Problems, Legal Advice, and State Power in China", *Social Problems*, 2008b, p. 55.

Michelson, Ethan & Benjamin L. Read, "Public Attitudes Toward Official Justice in Beijing and Rural China", In Margaret Y. K. Woo & Mary E. Gallagher (eds.), *Chinese Justice*: *Civil Dispute Resolution in Contemporary China*, *Cambridge and New York*: *Cambridge University Press*, 2011.

Miller Richard E. and Austin Sarat, "Grievances, Claims and Disputes: Assessing the Adversary Culture", *Law and Society Review*, 1980 – 1981, p. 17.

Munger, Frank, "Afterword: Studying Litigation and Social Change", *Law & Society Review*, 1990, p. 24.

Nader, Laura & Harry F. Todd Jr. (eds.), *The Disputing Process*: *Law in Ten Societies*, New York: Columbia University Press, 1978.

O'Brien, K., "Rightful Resistance", *World Politics*, 1996, 49 (1).

O'Brien, K., "Rightful Resistance Revisited", *The Journal of Peasant Studies*, 2013, 40 (6).

O'Brien, K. & L. Li, "Selective Policy Implementation in Rural China", Comparative Politics, 1999, p. 2.

O'Brien, K. & L. Li, *Rightful Resistance in Rural China*. Cambridge: Cambridge University Press, 2006.

Peerenboom, Randall, "Judicial Independence and Judicial Accountability: An Empirical Study of Individual Case Supervision", *The China Journal*, 2006, p. 55.

Posner, Richard A., "An Economic Approach to Legal Procedure and Judicial Administration", *The Journal of Legal Studies*, 1973, p. 2.

Pound, Roscoe, "Law in Books and Law in Action", *American Law Review*, 1910, p. 44.

Sandefur, Rebecca L., "Access to Civil Justice and Race, Class, and Gender Inequality", *Annual Review of Sociology*, 2008, p. 34.

Sarat, Austin & Joel B. Grossman, "Courts and Conflict Resolution: Problems in the Mobilization of Adjudication", *American Political Science Review*, 1975, p. 69.

Seron, Carroll, Susan B. Coutin & Pauline W. Meeusen, "Is There a Canon of Law and Social Science?", *Annual Review of Law and Social Science*,

2013, p. 9.

Stake, Robert E., "Qualitative Case Studies", In *The Sage Handbook of Qualitative Research*, Norman K. Denzin & Yvonna S. Lincoln (eds.), London: Sage Publications, 2005.

Stookey, John A., "Economic Cycles and Civil Litigation", *Justice System Journal*, 1986, p. 11.

Su, Yang & Xin He, "Street as Courtroom: State Accommodation of Labor Protests in South China", *Law & Society Review*, 2010, p. 44.

Sudnow, D., "Normal Crimes: Sociological Features of the Penal Code in a Public Defender's Office", *Social Problems*, 1965, p. 12.

Summers, R. S., "Evaluating and Improving Legal Process: A Plea for 'Process Values'", *Cornell Law Review*, 1974, 60 (1).

Tiersma, M. Peter, *Legal Language*. Chicago: University of Chicago Press, 2000.

Trubek, David M., "Studying Courts in Context", *Law & Society Review*, 1980–1981, p. 15.

Tiersma, M. Peter, "Back to the Future: The Short, Happy Life of the Law and Society Movement", *Florida State University Law Review*, 1990, 18 (1).

Toharia, Jose Juan, *Cambio Social y Vida Juridica en Espana*, Madrid: Edicusa, 1974.

Tyler, Tom, "The Role of Perceived Injustice in Defendants' Evaluations of Their Courtroom Experience", *Law & Society Review*, 1984, p. 18.

Tyler, Tom, "What Is Procedural Justice? Criteria Used by Citizens to Assess the Fairness of Legal Procedures", *Law & Society Review*, 1988, p. 22.

Van Den Berg, Gerard P., *The Soviet System of Justice: Figures and Policy*, Boston: Martinus Nijhoff, 1985.

Weber, Max, *Economy and Society: An Outline of Interpretive Sociology*, (eds.) by Guenther Roth & Claus Wittich, Berkeley: University of California Press, 1968/1978.

# 后　　记

本书是我持续研究的成果。自2003年接触"法律社会学"以来，我努力围绕纠纷解决和基层法院开展研究，重视运用社会学的理论和方法研究与法律相关的问题，力图体现社会学进路和风格的法律社会学。

在本书出版之际，唯有衷心感谢。

我要感谢国家社会科学基金的研究资助，感谢我博士研究生阶段的导师王汉生教授对我学业和生活的双重关爱，感谢硕士研究生阶段的导师张静教授引领我进入法律社会学研究，感谢周飞舟大师兄持续鼓励我专心学术研究，感谢同门兄弟姐妹们对我一直的关心和帮助。

我要感谢远在美国尔湾（Irvine）的王丰教授、苏阳教授，感谢唐军教授（北京工业大学）、郭星华教授（中国人民大学）、贺欣教授（香港大学）、侯猛教授（中国人民大学）等对我研究的指导和帮助，感谢所有帮助过我的法律社会学界同仁，也感谢热心接纳我开展调研的朋友们。

我要感谢中国社会科学院、北京工业大学的领导同事朋友对我的支持和帮助。感谢中国社会科学院社会学研究所杨典教授鼓励我坚持做法律社会学研究，逐步形成学术积累。感谢中国社会科学出版社姜阿平的悉心编辑。

本书部分内容曾刊发在《社会学研究》等专业期刊上，在此向编辑部老师们表示衷心感谢。

最后，我要感谢我的家人。从小镇少年成长为青年学者，少年就离乡求学的我要特别感谢父母对我一贯的宽容和支持，感谢岳父母对我亲子般的关爱，感谢妻子惟惟督促我快乐平凡地生活……同时，远远小朋友催我定稿出版，我借此也想勉励他不负所望，宁静致远。